아무튼, 야구

아무튼, 야구

김영글

위고

차례

공이 있었다

어렸을 때 〈피구왕 통키〉라는 만화가 있었다. 새빨간 머리칼의 통키는 피구를 잘하는 소년이었다. 그냥 잘하는 정도가 아니었다. 용수철처럼 솟아올라 한 손으로 불꽃슛을 마구 날렸다. 그 만화의 인기 때문이었는지 원래 그랬는지는 모르겠지만, 어른들은 걸핏하면 우리에게 피구를 시켰다. 체육 시간은 물론, 단체활동이 있을 때마다 그랬다. 피구의 시작을 알리는 호루라기가 울리면 친구들은 일제히 나를 봤다. 첫 번째 공격 대상은 언제나 나였다. 억울했지만 그럴 만도 했다. 나는 가장 맞히기 쉬운 아이, 공을 보면 즉시 얼어붙어 제자리에 서버리는 아이였으니까.

공이 무서웠다. 큰 공이든 작은 공이든, 나를 향해 오는 공은 다 공포의 대상이었다. 계기라고 할 만한 사건도 있었다. 초등학교에 입학한 지 얼마 안 된 봄날의 하굣길. 긴 포물선을 그리며 운동장을 가로질러 날아온 축구공이 이마를 때렸다. 빽 하는 둔탁한 소리 뒤로 공은 사라졌고, 나는 뒤로 벌렁 넘어갔다. 햇살이 눈부시게 쏟아져 내리던 하늘과 아이들의 웅성거림, 그리고 눈앞에 태양처럼 큼지막한 잔상으로 남은 공의 얼굴이 지금도 생생하다.

이후로 나는 공을 기피했다. 물리적 두려움 때문만은 아니었다. 작은 탁구공도, 말랑말랑한 탱탱

볼도 싫었다. 심지어 전혀 위협적이지 않은 배트민턴 셔틀콕조차 되도록 멀리하고 싶었다. 공에 대한 거부감은 그것을 내 뜻대로 다루기 어렵다는 데서 비롯된 것이었다. 중력의 영향을 받는 물체이면서 동시에 얼마간의 공기를 품은 기구. 땅에도 속하고 하늘에도 속하는 이 사물은 말 그대로 어디로 튈지 알 수 없다. 공은 둥그니까.

공을 두려워하던 어린이는 청소년이 되어서도 구기 종목을 달가워하지 않았다. 또래 여학생들이 키 큰 농구 선수와 해사한 낯빛의 배구 선수에 열광할 때도 나는 시큰둥했다. 내 눈에는 그 선수들의 갸름한 콧날이나 탄탄한 이두박근보다 대문짝만 한 손에 잡힌 대포알 같은 공이 먼저 보였다. 흥, 저런 단순 무식한 녀석이 뭐가 좋다고. 공을 두고 하는 말인지 사람을 두고 하는 말인지 모를 혼잣말을 삼키며 나는 세상을 비웃었다. 그렇게, 이 미심쩍은 사물에 조금도 마음을 열지 못한 채로 어른이 되었다.

내가 좋아하든 말든 공은 어디에나 있었다. 대학에 들어가서 자주 본 건 당구공이었다. 세기말의 대학가는 빠르게 변모하고 있었지만, 공강 시간에 당구장으로 삼삼오오 몰려가 내기 당구를 치는 문화는 여전했다. 나는 양손잡이라 포켓볼을 칠 때 어느 손으로든 큐대를 잡을 수 있었다. 새내기에게 그 정도 재능이면 선배들의 찬사와 환호를 받기에 충분했다. 상황이 흡족해서 나는 당구장에 곧잘 갔다. 하지만 별것 아닌 이유로 우쭐해지거나 과방 아닌 곳에서 짜장면을 시켜 먹는 게 좋아서 갔을 뿐, 공을 치는 게 목적은 아니었다.

　아무튼, 공은 어디에나 있었다. 공만큼 간단하고 널리 사랑받는 놀잇감이 또 있을까. 아무 운동장에나 나가보라. 아이도 어른도 공 하나만 주면 몇 시간이고 논다. 동물은 말해 무엇 하랴. 나는 세 고양이와 함께 사는데, 고양이를 키워본 사람은 알 것이다. 뒤집어 말아놓은 양말, 털실 타래, 아니면 휴지 조각을 대충 뭉쳐놓은 것도 상관없다. 둥글게 생긴 게 눈에 띄기만 하면 그들은 유희하는 존재로 돌변한다. 손으로 톡톡 치고, 굴리고, 장롱 밑으로 들어가면 있는 힘껏 앞발을 뻗어 휘저으며 한참을 재미나게 논다.

　이상하게도 고양이들은 축구공이나 농구공 같은 진짜 공에는 관심이 없었다. 그들은 공만 보면 눈이 뒤집혀 쫓아다니는 개와 인간을, 유사하게 한심하고 유치한 종족으로 여기는 듯했다. 작고 둥근 사물을 가지고 노는 습성이 고양이 유전자에 남은 사냥 본능의 흔적이라는 걸 나중에야 알았다. 그들의 눈에 공은 은유적 사물이다. 살아 있는 듯 굴러다니고, 사냥할 수 있을 만큼 만만한 크기인 한에서만 흥미로운 대상인 것이다. 뼛속 깊이 문과적 인간인 나로서는 공이 지닌 물리적 매력보다 고양이의 상상력 쪽이 더 그럴싸해 보였다. 하지만 감정이입이 안 되긴 마찬가지였다. 공은 그냥 공일 뿐이니까.

그랬던 내게 어느 날 야구공이 나타났다. 운명처럼 갑자기 찾아온 건 아니다. 진지한 로맨스가 대개 그렇듯, 야구공과 만나기까지 몇 개의 다른 스포츠에 먼저 눈을 떠야 했다. 2019년 겨울, 나는 1인 출판사 '돗과닻'의 문을 열고 낯선 출판 업무를 익히고 있었다. 지금 생각해보면 무모한 시작이었다. 아무리 작은 규모라도 사업은 사업인데, 나는 운동신경만 없는 게 아니라 경제관념도 희박한 사람이었다. 미술작가라는 불안정한 직업에다 수익이 나기 힘든 1인 출판사를 부업으로 얹은 건, 딱히 근사한 청사진이 있어서가 아니었다. 그저 책이 좋아 시작한 일이었다. 모래성을 쌓아 올리듯 불안한 마음으로 해나가는 수밖에 없었다.

그 무렵 스포츠 예능이 눈에 띄게 늘어났다. 코로나바이러스의 확산으로 대면 접촉과 체육시설 이용이 제한되면서 생긴 변화였다. 심심풀이로 보기 시작한 스포츠 예능에서 나는 뜻밖의 재미를 느꼈다. 시작은 엉뚱하게도 씨름이었던 걸로 기억한다. 맨손의 운동선수들이 땀으로 빚어낸 세계는 전에 없던 감흥을 주었다. 그래, 세상엔 저렇게 투명한 세계도 존재하지. 예술과도 세속과도 조금은 다른 세계. 시간이 헛되이 흐르지 않고, 노력이 배신하지 않는 세계.

나는 씨름, 풋살, 축구 등으로 넘어가며 스포츠 예능을 하나씩 훑기 시작했다. 경기 이면의 희로애락, 성장과 협동의 서사를 관찰하다 보니, 인간이 왜 그토록 스포츠에 열광하는지 조금은 알 것도 같았다. 짜장면만큼의 호감도 못 느끼던 스포츠라는 세계 앞에서, 나도 문턱 하나쯤은 슬쩍 넘은 셈이었다.

몇 년이 흘렀다. 2023년 여름, 나는 암 진단을 받았다. 나비 모양의 작은 기관 한쪽에 오래 자리 잡고 있던 둥근 혹을, 여러 병원을 전전한 끝에 떼어냈다. 의사들은 한결같이 말했다. 이 혹은 꺼내보기 전까지는 정체를 알 수 없다고. 녀석은 암이면서 동시에 암이 아닌 상태로 내 안에 존재했다. 마치 불투명한 상자에서 꺼내보기 전까지는 생사를 알 수 없는 슈뢰딩거의 고양이처럼. 수술을 하고 나니 후련했다. 암세포는 깨끗이 사라졌고, 예후도 나쁘지 않았다.

그렇지만 어디로 이어질지 모르는 터널을 통과했다는 기분 탓일까. 몸도 마음도 꽤 지쳤던 것 같다.

몇 달에 걸친 재활 치료를 마치고 나니 겨울이었다. 어느 날 저녁 불현듯 마음이 움직여, 기차를 타고 충청도의 작은 도시로 향했다. 별다른 짐도 없이 단출하게 떠난 하룻밤 여행이었다. 고요한 남한강. 매서운 추위 속에서 밤을 밝히던 철교의 불빛. 마늘향 알싸한 음식들. 마주하는 모든 것이 피로한 이방인의 어깨를 다독여주는 듯했다.

독자들은 슬슬 의문을 갖기 시작할 것이다. 이 책, 『아무튼, 야구』아니야? 그렇다. 본격적인 야구 이야기는 아직 시작도 안 했다. 어떤 사람은 태어나면서부터 공을 던지고 놀지만, 어떤 사람은 야구와 조우하기까지 이렇게 긴 세월을 허비하기도 한다. 숱한 피구 시합과 허름한 당구장들을 지나고, 암 수술도 한 번쯤 거쳐, 초겨울의 남한강에 이르러서야.

밤이 되었다. 비수기라 묵을 만한 곳이 많지 않았다. 다행히 강변에 자리한 숙소를 잡을 수 있었다. 적당히 낡고 뜨듯한 방에 드러누우니 금세 노곤해졌다. 검푸른 통유리 창밖으로 강둑에 늘어선 버드나무 가지들이 밤바람에 휘날렸다. TV 채널을 이리저리 돌리는데 야구 예능이 나왔다. 은퇴하거나 방출된

전직 프로야구 선수들이 모여 구단을 만들고, 전국의 강팀들과 맞붙는 프로그램이었다.

화면 속에는 반평생 야구를 했던 중년의 남성들이 마치 공과 방망이를 처음 쥐어본 것처럼 긴장한 자세로 서 있었다. 안타 하나에 아이처럼 기뻐하고, 공을 쥔 손에 힘 조절이 안 되면 상처받은 청소년 같은 얼굴이 되었다. 나는 한동안 잊고 지낸 스포츠 관람의 즐거움과 재회했다. 하지만 야구라니. 어린 시절의 나라면 딱딱한 야구공을 보기만 해도 얼어붙었을 것이다. 이십대의 나라면 아저씨들의 스포츠라며 눈 흘길 게 뻔하고. 그런데 지금의 나는 야구가 마음에 들었다. 야구에는, 다른 스포츠엔 없는 무언가 있는 게 틀림없었다.

호기심을 안고 서울로 돌아와 야구 예능을 처음부터 정주행했다. 이제 선수들의 희로애락 말고도 다른 것들이 보이기 시작했다. 확실히 야구에는 무언가 있었다. 투수가 하얀 송진 가루를 손에 묻히고 공을 쥐면, 그 주변으로 보이지 않는 여러 갈래의 길이 생겨났다. 투수에게 주어진 수많은 선택지. 타자가 달려가야 할 미래의 길과 지금껏 지나온 과거의 길. 암호 같은 수신호와 침묵 속에 오가는 치열한 수싸움.

나는 낯선 나라의 지도를 펼쳐 든 여행자처럼 매혹되었다. 지도를 읽는 법도 아직 모르면서.

지난 회차 방송을 모두 독파할 무렵의 어느 날, 방송 중간 삽입된 컷 하나가 눈을 사로잡았다. 경기가 진행 중인 구장의 흙바닥에 야구공 하나가 떨어져 있었다. 전광판의 점수, 관객석의 응원 소리, 더그아웃에서 들려오는 선수들의 고함, 해설자의 멘트, 그 모든 것을 뒤로하고 말없이 놓인 공.

별 뜻 없는 인서트 컷이었지만, 순간 그 이미지는 너무도 의미심장하게 보였다. 그즈음 나에게 공은 더 이상 그냥 공이 아니었기 때문이다. 수많은 이야기를 간직한 한 알의 씨앗 같기도 하고, 좋은 것이든 나쁜 것이든 무한히 담을 수 있는 소우주 같기도 했다.

물론 그때까지도 몰랐다. 야구. 이 한낱 공놀이가 얼마나 이상하고도 재미있는 세계인지를.

바보 같은 스포츠

나는 야구 규칙을 하나도 몰랐다. 어느 정도로 몰랐나면, 공격과 수비의 구분부터 이해가 되지 않았다. 어째서 공을 던지는 쪽이 공격이 아니라 수비란 말인가? 몇 해 전의 나처럼 야구를 전혀 모른 채 이 책을 집어 든 독자라면 고개를 끄덕일 것이다. 상식적으로, 저쪽에서 먼저 공을 던졌다면 이쪽에서 방망이로 막아내는 게 수비여야 말이 되지 않나? 이런 혼란은 야구라는 스포츠를 본질적으로 오해한 데에서 비롯되었다.

　　잠시 다른 스포츠를 떠올려보자. 근대 이후 체계화된 스포츠 대부분은 전쟁의 형식을 닮았다. 축구와 농구는 수비망을 뚫고 상대편 골문(적진의 요새)에 공을 넣는 것이 목적이고, 배구는 공(폭탄)을 우리 진영에 떨어뜨리지 않고 받아넘겨 점수를 올린다. 럭비 역시 공을 들고 달려가 상대 골라인을 넘거나 땅에 공을 내리찍으면(승전국의 깃발을 꽂듯이) 득점한다. 펜싱이나 양궁은 말할 것도 없다. 추상화의 단계를 거치지도 않은, 싸움의 원형에 가까운 스포츠니까.

　　그런데 야구는 좀 이상하다. 두 팀이 번갈아 공격과 수비를 맡는데, 득점의 핵심은 공을 빠르게 던지는 것도, 방망이로 멋지게 쳐내는 것도 아니다. 규칙은 복잡하지만 목표는 단순하다. 안타를 쳐서 달리든, 상대가 방심한 틈을 타 몰래 도망가든, 어떻게든 최대한 많은 선수가 구장을 한 바퀴 돌아 '홈'으로 돌아오면 되는 것이다. 아, 이 얼마나 바보 같은 스포츠인가!

야구의 요점을 이해하고 나니 익숙한 이야기가 떠올랐다. 호메로스가 쓴 고대 그리스 서사시 『오디세이아』다. 트로이 전쟁이 끝난 뒤, 오디세우스는 고향 이타카섬으로 돌아가기 위해 바다로 나선다. 귀향길은 단순한 항해가 아니었다. 폭풍우와 해류, 유혹과 음모, 신들의 장난과 괴물들의 방해가 끝없이 이어졌다. 순풍이 불어 멀리 나아가는 날도 있었지만 온 힘을 다해 노를 저어도 제자리인 날도 있었다. 그러나 그는 포기하지 않았다. 동료를 잃어도, 배가 부서져도, 지혜롭게 헤쳐나가 마침내 10년 만에 집으로 돌아왔다.

야구도 그런 모험담이다. 전쟁이 아닌 귀환의 여정. 타석에 선 아홉 명의 타자는 저마다 한 명의 오디세우스다. 이들의 여정에는 세 번의 기회가 주어지고, 기회를 상실할 때마다 그것을 '아웃'이라 부른다. 그 안에 살아남아 홈으로 돌아오는 것이 목표다.

공을 방망이에 빗맞혀 파울이 나면 타석에서 스

윙을 계속 반복해야 한다. 마치 바위를 산 정상까지 끊임없이 밀어 올리는 시시포스처럼. 또, 타격 후 다음 베이스를 향해 달릴 때는 절대 망설이거나 뒤돌아봐선 안 된다. 지하세계에서 죽은 아내 에우리디케를 데리고 올 때 절대 뒤돌아보지 말라는 경고를 들었던 오르페우스처럼. 그렇게 한 바퀴 돌아 무사히 홈을 밟으면 1점이다.

그렇다면 이들의 귀환을 막는 수비진은 어떤 역할을 맡고 있을까? 투수는 공을 던지는 사람이다. 골리앗을 향해 돌멩이를 던지는 다윗의 심정으로 전력을 다해 공을 던진다. 다만 표적은 미간이 아니라 스트라이크존이다. 때로는 바다 위의 님프 세이렌처럼, 타자의 눈과 마음을 홀리는 변화구를 던져 전진을 방해한다. 타자가 그 유혹을 뚫고 공을 쳐내면, 아킬레우스처럼 날렵한 야수들이 공을 낚아채려 전속력으로 들판을 누빈다. 아, 이 얼마나 신화적인 스포츠인가!

그렇게 신화를 닮은 순간들이 하나둘 쌓이다 보면 어느새 경기장 전체가 하나의 극장으로 변모한다. 스릴러 영화가 몰입을 유도하듯, 야구도 관객을 긴장의 한가운데로 불러들인다. 다음 순간 무슨 일이 일어날지 알 수 없는 불확실성이 만들어내는 긴장감, 그것이 서스펜스다. 야구만큼 서스펜스가 가득한 스포츠는 드물다. 아니, 경기 자체가 승부가 아니라 긴장감을 위해 설계된 게 아닐까 하는 의구심마저 든다.

투수가 마운드에 선다. 포수와 눈빛을 주고받고, 사인을 교환한다. 고개를 젓는다. 다시 젓는다. 이윽고 마음을 정한다. 주먹을 글러브 속에 숨겼다가, 몸을 비틀며 팔을 뻗어 공을 던지는 그 순간, 관중의 기대와 불안이 최고조에 달한다. 스트라이크일까? 볼일까? 아니면 파울일까? 심판이 수신호로 판정을 내리는 순간, 하나의 고비가 일단락된다.

그러나 바로 그 순간, 투수가 시선을 다른 곳에 둔 사이, 우리는 2루 주자가 달리기 시작하는 것을 본다. 포수가 마스크를 벗어젖히고 황급히 공을 던진다. 도루는 성공할까? 실패할까? 서스펜스는 다시 이어지고, 관중은 또 한 번 숨을 죽인다. 아, 이 얼마나 영화적인 스포츠인가!

야구의 매력을 알게 된 나는 슬슬 프로야구를 기웃거리기 시작했다. 중계를 해주는 플랫폼에 접속해, 닥치는 대로 경기를 보며 규칙을 익혔다. 나는 운동신경도 떨어지고 경제관념도 희박하지만 호기심과 집중력만큼은 나쁘지 않았다. 모르는 용어가 나오면 메모장에 적어두었다가, 경기가 끝난 후 하나씩 검색하거나 남자친구에게 전화를 걸어 물었다. 암기하는 대신 이해한 뒤 넘어가고, 다양한 사례를 검토하며 복습했다. 늦바람이 무섭다고 했던가. 나는 더없이 성실한 만학도였다.

야금야금 야구를 알아가다 보니, 야구가 아니라 스스로에 관해 알게 된 것도 있다. 나는 짧게 편집된 경기를 못 보는 사람이었다. 안 보면 안 봤지, 볼 거면 처음부터 끝까지 다 봐야만 직성이 풀렸다. 제아무리 지루하고 긴 경기라도 마찬가지였다. 하이라이트 편집 영상이나 문자 중계는 내게 감흥이 없었다.

삼진을 당한 타자의 어깨가 어떤 표정인지, 감독의 사인을 타자가 어떻게 오해했는지, 선발투수의 멘탈이 흔들리기 시작한 게 언제부턴지, 카메라에 잠깐 잡힌 관중석 응원판에 어떤 우스갯소리가 적혀 있는지. 그 모든 시시콜콜한 디테일을 내 눈으로 직접 봐야만, 그래야만 결정적인 장면에서 온전히 쾌감을 느낄 수 있었다. 그것이 만루홈런이든, 9회 말 역전승이든.

지난 시즌, 삼성 라이온즈와 맞붙은 한 경기에서 기아 타이거즈의 에이스 양현종은 아웃카운트 하나를 남기고 5이닝을 채우지 못한 채 마운드를 내려왔다. 감독은 승부수를 던진 것이었지만, 양현종의 얼굴엔 납득하기 어렵다는 기색이 역력했다. 잠시 뒤, 이범호 감독이 그의 등 뒤로 다가가 다정하게 껴안는 장면이 철망 너머로 포착됐다. 백허그 하나에 마음이 녹아서만은 아니겠지만, 그는 다음 경기에서 직전 등판의 부진을 말끔히 씻으며 훌륭한 투구를 펼쳤다. 이런 전개를 지켜보는 재미는 '기아 승, 승리투수 양현종, 12타자 연속 범타'라는 문장에 다 담기 어렵다.

이번 시즌 한화 이글스의 외국인 투수 코디 폰세가 남긴 장면도 잊을 수 없다. 여덟 이닝 동안 무실점 호투를 펼치며 무려 열여덟 개의 탈삼진을 기록한 날이었다. 류현진의 기록을 넘어선, KBO 역사에 남을 대기록이었다. 그런데 그날, 폰세는 평소답지 않게 포효하는 대신 눈물을 글썽였다. 북받치는 감정을 이기지 못하고 마운드 위에 쪼그려 앉아 눈물을 훔쳤다. 인터뷰에서 그는 말했다. 어머니가 8년 전 뇌암으로 세상을 떠나셨는데, 왠지 오늘 곁에서 지켜보고 계신 것 같아 눈물이 났다고. 이후 어떤 이들은 경기 영상 속에서 나비 한 마리를 발견했다. 팬들의 마음에는 상상이 깃들었다. 마운드 주변을 맴돌던 그 흰 나비가 혹시 폰세 선수의 어머니가 아니었을까 하는.

야구라는 페이지에서 가장 흥미로운 부분은 본문 바깥에 쓰인다. 숫자와 기록의 이면에, 장면의 틈새와 가장자리에. 그곳에서 이야기는 비로소 완성된다. 그래서 나는 구석구석 공들여 보는 비효율적인 관람을 기꺼이 택한다. 현란한 숏폼과 무엇이든 요약해주는 인공지능이 득세하는 이 속도전의 시대를 꿋꿋이 거스르면서. 그것이 내가 옹호하는 읽기의 방식이다. 야구에는 그런 읽기를 허락하는 여백과 사잇길이 무수히 존재한다. 아, 이 얼마나 서사적인 스포츠인가!

이제 규칙도 어느 정도 알겠고, 선수들의 이름도 귀에 익기 시작했다. 하루하루가 썸 타는 나날 같았다. 조금이라도 더 알고 싶고, 하루만 떨어져도 허전한 마음. 물론 매일 야구를 챙겨 보는 건 쉬운 일이 아니다. 시간도 에너지도 제법 소모된다. 하지만 어쩌겠는가. 이미 무언가 시작되어버렸는데. 이토록 바보 같고, 신화적이며, 서스펜스 넘치고, 읽을거리가 득한 스포츠를 좋아하지 않을 도리가 없었다. 나의 저녁들을 거의 몽땅 바치는 수밖에.

그렇게 야구와 썸을 두어 계절 더 타다가 이게 일방적인 감정만은 아닐 거라는 착각이 들 무렵, 나는 야구에 관한 책을 쓰기 시작했다. 내 생각에 인간의 모든 쓰기는 읽은 것에 대한 고백이고, 모든 읽기는 사랑하려는 노력이다. 아, 이 얼마나 바보 같은 종족인가….

어떻게 구단주까지 사랑하겠어

종교에 모태 신앙이 있듯, 야구에는 모태 팬이 있다. 한국 프로야구는 각 구단이 지역을 연고지로 삼기 때문에, 야구팬은 종종 고향과 함께 구단을 물려받는다. 태어나 보니 안방 벽에 어느 구단 모자가 걸려 있었고, 일요일마다 아빠나 삼촌을 따라 야구장에 가다 보니 어느새 그 팀의 팬이 되어 있더라, 하는 식이다.

불행인지 다행인지 나에겐 그런 역사가 없다. 가족 중에 야구를 즐겨 본 사람도 없고, 동네 아이들과 캐치볼을 한 기억도 없다. TV에서 경기가 나올 때 오빠와 둘이서 해태나 롯데를 응원해본 적은 있지만, 그건 단지 우리가 좋아하는 과자를 파는 회사 이름이었기 때문이다. 그렇게 야구에 무심한 유년기를 보내고, 세월이 흘러 중년에 이르러서야 나는 자발적으로 야구팬이 되었다.

강제로 주어진 소속이나 공동체 따위, 가능하면 최대한 거부하며 살고 싶었다. 인간, 여성, 한국인, 아시아인, 황인종, 경상도 출신, 어느 집의 몇째 딸. 태어날 때부터 부여된 정체성만으로도 숨이 찼다. 하지만 야구를 보는 일이 중요한 일과가 되면서, 나도 어딘가 마음 둘 곳이 필요해졌다. 그러자 모태 야구팬이 살짝 부러워졌다. 어느 팀을 좋아할지 새삼스레 찾아 나서야 하는 상황이 거추장스럽게 느껴졌기 때문이다. 나는 사람들에게 물어보고 다녔다.

"응원할 팀을 정하려고 하는데요. 어디가 좋을까요?"

대답은 꽤 일관된 양상을 띠었다.

"두산으로 오세요."

"기아가 짱이죠."

"니 고향이 경남이라매. 그라모 롯데 아이가, 롯데!"

"작년에 엘지가 우승했잖아요. 엘지 팬 어떻습니까?"

모두 자기가 응원하는 팀이 최고라며 권유했다. 모태 팬과 올드 팬은 이렇듯 명랑한 확신 속에 산다. 주저하고 회의하는 입문자에게는 없는 굳건함이 그들에겐 있다. 물론, 야구에 관심조차 없는 사람이 내 주위엔 더 많았다. 불신자들의 무리는 이해할 수 없다는 표정을 지어 보였다. 나는 초심자 특유의 신중함과 열의를 안고 열 개 구단을 샅샅이 살폈다. 그러나 이 고민은 허무할 만큼 일찍 끝났다.

한화 이글스가 자꾸 눈에 밟혔다. 이 팀은 실력도 운도 따라주지 않아 해마다 꼴찌 다툼을 하던 팀 아닌가. 그런데도 이상하게 마음이 갔다. 참패하는 경기를 보고도 이내 다른 경기를 찾아보고, 길을 걷다 오렌지색만 보여도 눈이 번쩍 뜨였다. 팀의 맏형 류현진도, 새싹 타자들도, 심지어 독수리 로고까지 다 귀여워 보였다. 이쯤 되면 누가 말릴 수 있는 상태가 아니었다. 귀여우면 끝난 거 아닌가. 1999년 이후로 우승이 없다는 말도, 한화 팬은 보살이 되어야 한다는 말도, 더는 귀에 들어오지 않았다.

잠시 이러다 말겠거니 싶기도 했다. 다른 팀에 관심을 기울이며 애써 거리두기도 해봤다. 그러나 마음은 자꾸만 이 만년 하위권 팀에게로 돌아왔다. 나는 무의식을 의식적으로 더듬어보기로 했다. 한화는 대전에 홈구장이 있고 충청도를 연고지로 한다. 하필 내가 처음 야구에 눈을 뜬 여행지도 충청도였다. 그래서 나도 모르게 이 구단에 애착을 느끼는 게 아닐까? 알에서 깨어나자마자 처음 본 대상을 졸졸 따라다니는 아기 오리처럼? 혹은, 빙그레 바나나우유를 좋아하던 유년의 기억이 본능적으로 '빙그레 이글스'의 후신인 한화를 향하게 한 걸까? 아니면 역시, 내가 최고로 좋아하는 개그가 충청도 사투리 개그라서?

나를 잘 아는 친구는 말했다. 우승할 가능성이 희박하니 전복의 서사를 꿈꾸는 게 아니냐고. 제법 일리 있는 말이다. 지금까지 내가 내놓은 추측들에 비하면. 하지만, 모르겠다. 아마 영원히 모를 것이다.

원래 싫어하는 이유는 백 가지를 댈 수 있어도, 좋아하는 이유는 하나조차 논리적으로 설명하기 어려운 법이니까.

그런데 이 명제를, 팬의 자리에 안착한 지 몇 달 뒤 다시 곱씹게 될 줄은 몰랐다. 좋아할 이유는 도무지 찾기 어려웠는데, 정신을 차리고 보니 싫어할 이유가 너무 많아졌다.

아이러니하게도 꺼림칙함은 경기장 안이 아니라 밖에서 비롯됐다. 뉴스에서 '한화'라는 두 글자가 다시 눈에 들어오기 시작한 것이다. 매년 수십억 원을 들여 여의도 한강공원에서 불꽃축제를 여는 주체가 한화라는 사실을 처음 알았다. 팔레스타인을 불법 점령한 이스라엘에 꾸준히 무기를 수출해온 방산 기업이라는 사실도.

불꽃이 수놓인 밤하늘은 아름답다. 도시인의 지친 마음에 위로가 되기도 한다. 그러나 그 몇 분짜리 찬란함 뒤에는, 철새 무리의 방향감각을 흐리고 생명까지 위협하는 인간의 무신경함이 있다. 한화의 수출 실적이 늘어났다는 소식은 기업의 곳간이 채워졌다는 뜻이면서, 곧 먼 나라 전쟁터에 더 많은 살상 무기가 투입됐다는 뜻이기도 했다.

평범한 시민의 삶에서 문화 소비와 윤리적 판단이 언제나 일치하긴 어렵다. 하지만 기업이 아닌 팀을 응원하는 거라고 애써 선을 그어봐도, 딜레마는 해결되지 않았다. 한 사람의 시민으로서 나는 세계 도처에서 벌어지는 전쟁이 하루빨리 멈추기를 바란다. 그러나 한 사람의 야구팬으로서는, 전쟁 산업으로 이윤을 얻는 기업이 내가 좋아하는 팀을 안정적으로 운영하길 바라는 처지에 놓였다. 살면서 처음 겪는 종류의 이율배반이었다.

나는 사람들 앞에서 "한화 팬이에요"라고 말하기를 종종 망설였다. "이글스 팬이에요"라고 바꿔 말한들, 앞에 숨은 '한화'가 사라지진 않았다.

야구 구단이 논란의 중심에 서는 일은 드물지 않다. 대개 선수나 감독의 사생활, 혹은 범죄 문제다. 폭력이나 음주운전 같은 사건이 터지면 선수를 징계하고, 뒷돈 거래가 드러나면 책임자를 경질하면 된다. 그러나 구단의 모기업이 근본적으로 마음에 들지 않는다면? 애초에 그 팀을 좋아하지 말았어야 하는 걸까?

부끄러움과 죄책감이 마음을 헤집던 중, 내 안에서 한 가지 욕망이 고개를 들었다. 존재 자체로 근사한 팀을 갖고 싶다는 욕망. 예컨대, FC 바르셀로나처럼. 격동의 역사 속에서 시민의 동지로 자라난 팀. 프로스포츠에서 보기 드물게 협동조합 형태로 운영되며, 기업이나 국가가 아닌 시민이 주인인 팀. 그런 팀을 응원한다면, 얼마나 흥도 나고 폼도 나겠는가.

하지만 이 허황되고도 초라한 욕망을 나는 결국 다스릴 수 있었다. 아니, 다스릴 필요가 없어졌다. 팀에 대한 애정이 어느새 더 크게 자라났기 때문이다. 모태 팬은 아니지만, 스스로 선택한 팀이었다. 나는 내가 할 수 있는 작은 일을 하나 했다. 한국산 무기 수출을 감시하고 반군사주의 운동을 펼치는 단체 '전쟁없는세상'의 정기 후원자가 된 것이다. 크지 않은 금액이지만, 내 마음의 균형을 지켜주는 한 뼘의 평화쯤은 되어주길 바라면서.

야구팬의 감정은 모순으로 가득하다. 어떤 팀은 구단주가 재벌이라서 싫고, 어떤 팀은 구단주가 돈을 안 써서 싫다. 지나치게 잘나가는 팀은 응원할 맛이 안 나고, 너무 못하는 팀은 응원하는 일이 고역이다. 때로는 정말 사소한 이유로도 마음이 식는다. 이를테면 전직 대통령이 어느 팀의 찐 팬이었다는 사실 하나만으로 괜히 정이 떨어지기도 한다. 하지만 복잡한 마음을 감내하며, 누군가는 끝끝내 자신의 팀을 응원한다. 어차피 모든 즐거움은 길티 플레저이고, 모든 애정은 '그럼에도 불구하고'를 동반한다.

아이돌 산업 속 팬덤의 딜레마를 다룬 책 『망설이는 사랑』에서, 안희제 작가는 아이돌판을 이렇게 정의했다. "사랑과 증오, 열정과 탈진, 그리고 자부심과 수치심이 뒤엉킨 공간"*이라고. 내 눈에는 야구판도 다르지 않다.

선수들이 예상 밖의 퍼포먼스를 보여줄 때, 한 호흡 한 호흡 최선을 다하는 모습이 화면 너머로도 전해질 때, 선수를 믿는 감독의 전술이 경기 중 빛을 발할 때, 무너지는 듯하다가도 금세 흐름을 되찾는 팀의 기세가 느껴질 때, 경기 내용이 형편없을 때도 목이 터져라 육성 응원을 보내주는 팬들을 볼 때, 그럴 때 나는 한화 이글스의 팬이라는 사실이 자랑스럽다. 경기장 밖의 풍경과는 무관하게, 이 감정만큼은 여전히 어떤 진실일 수 있다.

우러러볼 만한 아버지 밑에서 자란 사람만을 사랑할 수 있다면, 사랑이 그런 식으로만 작동한다면, 우리의 사랑은 참 재미없는 이야기가 될 것이다. 나와 세상 사이엔 헤아릴 수 없는 인연의 끈들이 있다.

---

* 안희제, 『망설이는 사랑』, 오월의봄, 2023, 26쪽.

붙잡는 것도, 끊어내는 것도, 그것을 지지대 삼아 세상을 다시 바라보는 것도 모두 나의 몫이다.

　　나는 담담하게, 유행가 가사를 닮은 문장을 읊조린다. 어떻게 구단주까지 사랑하겠어. 널 사랑하는 거지.

내향인도 야구장에 간다

MBTI가 유행하기 훨씬 전부터 알고 있었다. 나는 많은 사람과 한 공간에 있으면 금세 지치는 사람이라는 것을. 방구석에 혼자 있을 때 가장 행복한 사람. 좋아하는 친구라도 여럿을 만나고 돌아온 날이면 시체처럼 누워 에너지를 충전해야 하는 사람. 요즘 말로 하면, 전형적인 내향인이다.

나이가 들수록 그 성향은 더 강해졌다. 명동이나 홍대 같은 번화가를 다녀오면, 몇 걸음 걷지 않았는데도 마치 지리산 종주라도 한 듯 다리가 풀렸다. 낯선 사람들과 형식적인 식사를 하고 나면 급체로 밤새 고생하기 일쑤였다. 사람이 그득하고, 그중 일부와 지옥 같은 스몰토크를 끝없이 나눠야 하는 행사, 이를테면 미술 전시 오프닝 같은 곳엔 아예 발길을 끊었다.

이토록 내향적인 인간 앞에 하나의 시험대가 나타났다. 문득 의문이 찾아온 것이다. 명색이 야구팬이 됐는데, 나도 한 번쯤은 야구장에 가봐야 하지 않을까? 너무나 가기 싫은데 너무나 가고 싶은 이 기분은 뭐지? 하이라이트 편집본과 실시간 중계 사이에도 강처럼 깊은 간극이 있지 않나? 눈앞에서 라이브로 경기를 본다면 얼마나 더 생생할까? 하지만 야구장의 인파와 소음에 치여 경기를 제대로 즐길 수나 있겠어? 아니, 반대로 너무 재밌어서 다시는 중계방송으로 만족하지 못하게 되면 어떡하지?

끝도 없이 이어지는 질문에 하나도 답을 내리지 못했는데, 불독은 이미 티켓 두 장을 예매해두었다. 그는 나의 야구 입문을 성심껏 돕고 있는 남자친구다. 그리하여 생애 처음으로 야구장에 입성하게 되었다. 목적지는 집에서 멀지 않아 그나마 마음이 놓이는 고척스카이돔이었다.

야구장은 예상보다 훨씬 컸다. 그리고 지나치게 환했다. 돔형 구장이라 천장 가득 조명이 박혀 있었다. 우리가 예매한 좌석은 3루석 3층이라 앉은 자리에서도 경기장 전체가 훤히 내려다보였다. 빼곡히 어깨를 맞댄 관중석을 내려다보자 잠시 어지럼증이 스쳤다. 전광판에 불이 켜지고 경쾌한 음악이 흐르기 시작했다.

나는 조용히 몸을 좌석에 구겨 넣고 심호흡을 하며 주위를 둘러보았다. 서서히 흥미가 차올랐다. 사람을 대하는 일을 버거워하는 사람일수록 사람을 관찰하는 일엔 능숙한 법이다.

한 무리의 청년들이 덩실거리며 들어왔다. 커다란 장식용 선글라스와 하트 모양의 핑크색 털 머리띠로 한껏 꾸민 모습이었다. 제발 멀리 가서 앉기를 속으로 빌었는데 겨우 몇 칸 옆에 자리를 잡았다. 다행히 요란한 건 패션뿐 목소리는 크지 않았다.

근처에 앉은 한 커플은 서로 다른 팀을 응원하며 묘한 신경전을 벌이고 있었다. 그래도 꼭 잡은 두 손은 놓지 않았다. 할아버지와 나란히 앉은 꼬마는 여섯 살도 안 되어 보였는데 응원가를 모조리 외우는 듯했다. 열심히 움직이는 입 모양을 보고 있으니 나도 모르게 광대가 올라갔다.

바로 앞에는 단발머리의 여성이 앉아 있었다. 실은 입장할 때부터 눈길이 갔다. 관중석을 채운 대부분이 친구나 연인 혹은 가족과 함께 와 웃고 떠드는 가운데, 단발머리는 이 블록에서 유일하게 혼자 온 사람이었다.

동행이 없다는 것만이 특이점은 아니었다. 야구장에 온 사람들은 선수 이름이나 번호가 새겨진 유니폼, 로고가 박힌 모자 같은 것으로 정체성을 드러낸다. 팀 컬러가 들어간 티셔츠처럼 소극적인 방식도 있다. 하지만 단발머리는 민무늬 흰 티를 입고 있었다. 풍기는 분위기 또한 그랬다. 스포츠를 즐길 것 같은 기색이라곤 전혀 없었다. 모두가 응원가를 따라 부를 때도 그는 입을 굳게 다문 채 필드를 응시했다.

하지만 경기 흐름에 대한 반응만큼은 누구보다도 격렬했다. 투수가 볼넷을 내주고 고개를 떨구면 덩달아 고개를 떨구며 땅이 꺼질 듯 한숨을 내쉬었다. 타자가 삼진을 당하면 두 손으로 죄 없는 머리칼을 쥐어뜯으며 괴로워했다. 선수 교체 시간에도 자리를 비우는 법 없이, 묵묵히 다음 이닝을 기다렸다. 마치 만화방에서 라면도 쥐포도 사 먹지 않고 자리에 앉아 시리즈 전권을 독파하는 만화광처럼, 오로지 경기에만 집중했다.

9회 말 마지막 아웃카운트가 잡혔다. 단발머리는 잠시 숨을 고른 뒤 오래된 습관처럼 자리를 정리했다. 그러곤 뒤돌아보지 않고 훌쩍 떠났다.

외향인과 내향인을 구분하는 방법은 널리 알려져 있다. 타인과 함께하는 시간과 혼자만의 시간 중 어디서 에너지를 얻는지에 따라 갈린다는 것이다. 하지만 사람이란 그렇게 단순하지 않다. 사실 불독은 나 못지않게 내향적인 사람이다. 일곱 살 무렵부터 기아 타이거즈 팬이었다니 야구팬으로 살아온 세월이 수십 년인데, 여지껏 야구장 문턱을 밟아본 적이 없다. 낯선 장소에 가는 걸 꺼리고, 높은 데시벨에 나보다 더 예민한 까닭이다.

돌아오는 길에 나는 물었다. "근데 왜 티켓을 샀어?" 주저 없는 대답이 돌아왔다.

"자기가 가고 싶어 하는 것 같아서."

내가 약간 감동한 얼굴을 하자, 불독은 한술 더 떴다. "난 야구 보러 간 게 아니라, 자기가 좋아하는 걸 같이 하러 간 거지."

잠시 후, 그가 물었다.

"야구장, 처음 가보니까 어땠어?"

"생각보다 괜찮네. 근데 오빠도 처음이잖아?"

그는 고개를 끄덕였다.

"처음이지. 근데 예전에 가끔, 야구장에 가는 상상을 한 적은 있어."

"어떤 상상?"

"그냥… 혼자 야구장에 가서, 경기를 눈으로 보면서 이어폰으로 조용히 중계 듣는 거."

우리는 동시에 웃음을 터뜨렸다. 내가 우연히 야구에 발을 들이지 않았다면, 아마 불독은 야구장 같은 떠들썩한 곳에 평생 갈 일이 없었을 것이다. 우리는 약속했다. 다음번엔 야외 구장에 가보기로.

야구장은 많은 것이 허용되는 공간이다. 염탐꾼은 앞사람을 은밀히 구경하고, 사랑꾼은 연인의 곁에 말없이 있어준다. 응원가를 따라 불러도 되고, 원한다면 춤을 춰도 되고, 혼자 머리카락을 쥐어뜯어도 된다. 음식을 먹어도, 술을 마셔도, 아무도 뭐라 하지 않는다. 사람들은 각자 하고 싶은 걸 하면서도, 염원하는 승리를 향해 일사불란하게 마음을 모은다. 그 마음 앞에서는 '인싸'와 '아싸'의 구분도 무의미하다. 야구가 천만 관중 시대를 맞이한 이유를 조금은 알 것도 같다.

그날, 내가 응원하는 팀은 이기지 못했다. 그런데도 실망스럽지 않았다. 중계로는 전해지지 않는 현장의 공기를 온몸으로 들이마셨으니까. 그뿐인가. 고성능 망원경으로 타자의 타격 폼을 코앞까지 당겨 감상했고, 서툴지만 갓 외운 응원가도 따라 불렀다. 만두가 들어간 유명한 라자냐를 줄 서서 사 먹고, 후식으로는 구슬 아이스크림까지 챙겼다.

다음번엔 캔맥주를 꼭 마실 것이다. 잔디 위 드넓은 하늘에 서서히 번지는 노을을 바라보면서. 그때는 유니폼도 갖춰 입고, 응원봉도 휘어져라 흔들 것이다. 그렇다. 좋아하는 일 앞에서는, 내향인도 할 거다 한다.

축구팬이 뭘 알아

기온이 뚝 떨어졌다. 가을야구의 열기가 완전히 식고, 십일월을 지나 십이월이 되었다. 어느덧 겨울이다. 야구 경기가 없는 계절. 야구팬이 되고 처음 겨울을 맞이한 소감은, 광활한 눈밭에 홀로 남은 곰이 된 기분이다. 어서 동면에 들어야 하는데, 잠이 오질 않는다. 봄은 언제 오는 걸까. 오긴 오는 걸까. 그때까지 어떻게든 버텨야 한다. 헛헛한 마음을 다독이며 다짐했다. 얌전히 에너지를 비축하자. 화낼 일 없는 나날을 감사히 누리자.

그래서 부지런히 하루를 채웠다. 영화와 드라마를 챙겨 보고, 친구들 모임에도 빠짐없이 참석했다. 관심도 없던 추리소설을 괜히 몇 장 넘겨 본다. 시계 초침 소리는 가급적 못 들은 체한다. 그러면 경기 없는 저녁도 그럭저럭 순순히 흘러갔다. 어느 날, 재임과 주현의 청첩장 모임이 잡혔다. 긴 연애 끝에 결혼식을 올리는 두 사람을 축하하기 위해 오랜 친구들이 모였다.

청파동의 야트막한 언덕길에 자리한 두 사람의 집. 현관에 다다르니 문을 열기도 전부터 맛있는 냄새가 풍긴다. 식탁 위엔 이미 푸짐한 상차림이 펼쳐져 있다. 김이 모락모락 나는 홍가리비찜, 야무지게 무쳐낸 오징어 미나리 초무침, 무순을 곁들인 방어

회. 자리에 앉자마자 모두 젓가락을 집어 든다.

신나게 먹고 마시며 근황을 나눈다. 학교에서 만나 십 년 넘게 알고 지낸 친구들이지만, 이렇게 한 자리에 모인 건 오랜만이다. 나는 자연스레 야구 얘기를 꺼낸다. 다들 신기해한다. 내가 야구팬이 될 거라곤, 나만큼이나 그들도 상상하지 못했을 것이다.

그런데 식탁 맞은편에 앉은 명교가 야구팬의 심기를 건드리는 말을 던진다.

"야구선수는 운동량이 너무 적은 거 아냐?"

"뭐?"

나는 발끈한다.

"축구에 비하면, 가만히 앉아 있는 시간이 너무 길잖아."

그렇다. 그는 K리그의 오랜 팬이다. 나는 손에 들고 있던 홍가리비 껍데기를 식탁에 탁 내려놓는다.

"너, 야구 경기 제대로 본 적 있어?"

나는 대답도 듣지 않고 홍가리비 못지않게 불그레해진 얼굴로 쏘아붙인다.

"축구는 일 년에 몇 경기나 뛰냐? 많아야 삼사십 경기? 야구는 시즌 중에 무려 백사십사 경기야. 선발투수는 어떤지 알아? 한 경기 던지고 나면 사오일은 쉬어야 해. 그만큼 몸을 격하게 쓰는 운동이라고."

놀랍게도 명교는 물러서지 않았다.

"근데 선수들 몸 보면 알 수 있지 않나? 배가 그렇게 나오다니."

그러고는 한 발 더 내디딘다.

"야구는 스포츠라고 하기에는⋯."

이건 선을 넘었다. 야구팬은 이성을 잃고 만다.

"야! 다시 말해봐."

축구팬이 다시 말할 틈을 주지 않고 야구팬은 계속 퍼붓는다.

"축구는 구십 분 뛰다 끝나지만, 야구는 서너 시간이나 이어질 수 있는 스포츠야. 촬영감독들 생각해봐. 배 나온 사람 많잖아. 왜겠어? 몇 킬로그램씩 나가는 카메라를 들고 하루 종일 버티려면 중심이 필요하니까 그런 거잖아. 다 이유 있는 뱃살 아니야?"

물론 세상엔 배가 안 나온 촬영감독도 많고, 뱃살의 축적에는 다른 이유도 많을 것이다. 하지만 영화과를 나온 명교를 공략하기 위해 나는 이 논리를 밀어붙인다.

"그리고 야구선수라고 다 뚱뚱한 것도 아냐. 유격수는 날씬하고 날렵해야 해. 반면 이대호 같은 4번 타자는 홈런 타자니까 체중이 필요하지. 포지션마다 역할이 다르고, 그에 맞는 몸이 있는 거라고. 스포츠는 하나의 몸으로 정의할 수 없어. 다양성을 존중한다는 활동가가 그딴 소리를 해도 되는 거야? 어?"

분위기가 자못 심각해졌다. 내가 정말로 화가 났다는 걸 친구들도 눈치챘다. 주현은 자신을 바라보는 명교의 눈빛을 읽고, 곧장 손사래를 쳐 무언의 도움 요청을 거부한다. 사실 주현도 축구팬이다. 심지어 몇 해째 풋살 모임을 운영하고 있다. 그러나 이런 상황에서 괜히 한쪽 편을 들어 일을 키울 생각은 없어 보인다.

재임은 캔맥주를 홀짝이며 조용히 앉아 있다. 미술 전공자인 재임은 야구팬이 되기 전의 나보다도 훨씬 더 스포츠에 무관심해서, 주말마다 축구하러 나가는 주현을 한 번도 따라나선 적이 없다. 어느 날은 이런 명언을 남긴 적도 있다.

"공 하나 가지고 왜들 그렇게 싸우는지 모르겠어. 그냥 처음부터 두 개 주면 안 돼?"

현명한 재임의 말처럼, 야구팬과 축구팬도 싸울 필요는 없다. 야구에는 야구의 공이, 축구에는 축구의 공이 있는 것이니까. 룰도 다르고, 각자 나름의 스포츠관이 있는 것이니까. 게다가, 나도 사실 축구를 좋아한다. 올림픽은 안 봐도 월드컵은 가끔 챙겨 봤고, 코로나 시절엔 딱 한 번이지만 여성 풋살 모임에도 나가봤다.

축구의 매력은 공 하나만 있으면 된다는 데 있다. 값비싼 장비도, 드넓은 경기장도 필요 없다. 그래서 빈자의 스포츠, 평범한 아이들의 놀이다.

그에 비해 야구는 장비도 시설도 많이 필요하다. 하지만 그만큼 다채로운 스포츠다. 포지션마다 체형의 차이가 큰 건, 수행하는 일이 너무나 다양하기 때문이다. 야구는 던지고, 숨기고, 치고, 받고, 슬라이딩하고, 피하고, 밟고, 눈치 보고, 몰래 뛰고, 기다리고, 참고, 계산하고, 버티고, 점프하고, 달리고… 수많은 일이 겹겹이 얽혀 진행되는 스포츠다.

그래서 야구는 말해준다. 작은 키도, 큰 키도, 뚱뚱한 몸도, 마른 몸도, 모두 나름의 가능성을 지닌다고. 뻔뻔함도, 무모함도, 잔머리도, 조심성도, 누군가에게는 장점이 될 수 있다고. 나는 이 사실을 야구 팬이 되고 나서야 비로소 마음으로 이해했다. 그전까지는 머리로만, 아마도 매끈한 언어로만 알고 있었던 것 같다.

이제는 선수들의 유니폼도 다르게 보인다. 어떤 몸이든, 맡은 역할에 맞춰 단련된 몸이라면 모두 멋있어 보인다. 야구는 정말이지 울퉁불퉁하다. 하나의 틀에 끼워 맞출 수가 없다. 여백이 많고, 불규칙이 많고, 기다림이 많은 가운데서도 각자 맡은 일을 충실히 해낸다. 그래서 야구가 좋다. 격렬하게 불태우는 대신 인내와 끈기를 요구하는 스포츠라서. 완벽의 추구보다 결핍의 극복이 돋보이고, 한 명의 재능보다 전체의 협력이 빛을 발하는 스포츠라서.

하지만 그날 밤 집에 돌아와 생각해보니, 내가 조금 과했다는 생각이 들었다. 야구를 변호하느라 꼭 그렇게까지 정색할 일은 아니었는데. 다행히 친구들은 대수롭지 않게 넘겼다. 내가 어쩌다 한화 이글스를 좋아하게 되었는지 들어주었고, 명교가 응원하는 FC 안양 이야기도 나눴다.

그렇지만 명교는 내가 왜 그렇게까지 화를 냈는지 끝내 이해하진 못할 것이다. 이게 다, 겨울이 너무 길어서 생긴 일이다. 십이월에도 경기를 볼 수 있는 축구팬이 어찌 알겠는가. 경기를 해도 화나고, 안 해도 화나는, 사계절 힘든 야구팬의 마음을.

반항하는 야구팬

몇 해 전 발리에서 서핑을 배웠던 날이 떠오른다. 구릿빛 피부가 매력적인 강사는 파도가 밀려오는 타이밍에 맞춰 서핑보드 위에 오르는 법을 알려주었다. 팔과 배에 힘을 단단히 주고, 재빨리 몸을 일으켜야 했다. 나는 순발력 있게 반응하지 못했다. 파도가 뒤통수를 덮칠 때마다 물속으로 고꾸라져, 연거푸 바닷물을 들이켰다.

몇 차례 연습을 지켜보던 강사가 내 얼굴을 가만히 바라보며 말했다. "너, 스포츠 정신이 없구나. 그렇지?"

전 세계에서 몰려온 여행자들을 수없이 가르쳐 본 눈치로, 그는 십여 분 만에 알아차린 것이다. 이 학생은 스스로와 싸울 생각이 조금도 없다는 것을. 더 가르쳐 봤자 소용없으리라는 것을. 나는 사실 이렇게 대꾸하고 싶었다.

"응, 없어. 그거 꼭 있어야 하니?"

하지만 다른 학생들의 열정에 찬물을 끼얹고 싶지 않아, 멋쩍은 웃음만 지어 보였다. 대신 혼자만의 자유 시간을 얻었다. 있지도 않은 복근을 쥐어짜는 연습에서 드디어 벗어날 수 있었다.

강사의 말은 옳았다. 스포츠 정신이든, 포기하지 않는 영혼이든, 나에겐 그런 게 없었다. 누가 공짜로 한 움큼 준다 해도 그다지 갖고 싶지 않았다. 쉼 없이 파도의 등에 올라타려 애쓰는 것보다는, 너그러운 바다의 품에 몸을 맡기고 물결이 이끄는 대로 둥둥 떠다니는 쪽이 더 마음에 들었다.

그 시절, 스포츠가 내게 의미하는 바는 명료했다. 가혹한 육체 단련, 치열한 경쟁, 기이한 집념. 그 어느 것도 나의 사전에서 기쁨이나 행복의 유의어가 아니었다.

그런데 야구를 보면서 이상한 일이 벌어졌다. 점수 차가 이미 걷잡을 수 없이 벌어졌는데도 유니폼이 닳도록 슬라이딩하는 선수를 보면, 그 투지에 진심으로 감동했다. 짜릿한 역전승이 터질 땐 온몸의 솜털이 곤두섰다. 명백한 오심을 저지르는 심판이나 설렁설렁 뛰다 아웃되는 선수를 보면 단전 깊은 곳에서 분노가 치밀어 올랐다. 세상에, 내가 스포츠에 이토록 과몰입할 수 있는 사람이었다니. 나의 감정 사전은 다시 쓰여야 했다.

무엇보다 두드러진 변화는 분노였다. 나는 점점 화가 많은 사람이 되어가고 있었다. 욕설과 비속어가 틈만 나면 입술을 비집고 튀어나왔다. 남자친구는 내가 야구 중계만 틀면 아저씨로 돌변한다고 했다. 물론 아저씨라고 다 욕쟁이는 아니다. 하지만 사직구장

그물망에 매달려 고래고래 소리 지르는 아저씨들과 어느새 닮아가는 내 모습을 부인할 수 없었다.

야구는 재밌으려고 보는 게 아니라 화내려고 보는 거라는 우스갯소리가 있다. 실없는 농담처럼 들리지만, 곱씹어보면 연령과 성별을 초월해 야구팬의 정서를 관통하는 말이라는 생각이 든다. 왜 야구팬은 이토록 자주, 그리고 유난히 화를 내는 걸까.

이유는 단순하다. 화낼 기회가 많아서다. 야구는 월요일을 제외하고 매일 경기가 열린다. 한 시즌에 144경기를 치르는데, 승률이 5할이라면 이틀에 한 번꼴로 진다는 이야기다. 경기 시간도 길다. 평균 3시간이고, 연장전에 들어가면 훨씬 더 길어진다. 한국 프로야구 역사상 가장 오래 걸린 경기는 무려 6시간 17분 만에 끝났다.

게다가 야구는 중간중간 짬이 많다. 이닝이 바뀔 때마다, 투수가 교체될 때마다, 비디오 판독을 기다릴 때마다 팬은 숨 고를 여유가 생긴다. 광고가 늘어날수록 방금 플레이한 선수를 마음껏 욕할 시간도 덤으로 주어진다. 피겨스케이팅에도 그만큼의 짬이 있다고 상상해보라. 빙판을 둘러싼 관중들 역시 트리플 악셀의 회전수를 트집 잡으며, 끝내 품위를 내려놓고 목청을 높일 것이다.

야구의 또 다른 특징은 단순함과 복잡함이 공존한다는 점이다. 겉보기엔 그저 공을 던지고 치는 단순한 게임처럼 보인다. 그래서 야구를 처음 접한 사람은 고개를 갸웃한다. 양궁 선수는 70미터 거리에서 지름 12.2센티미터의 10점 구역을 잘도 맞히는데, 어찌하여 프로야구 투수는 18.44미터 앞의 스트라이크 존을 못 맞히는가. 그 너비가 무려 43.18센티미터나 되는데 말이다. 타자가 헛스윙을 연발하면, 대체 저걸 왜 못 치나 싶어 짜증이 치민다. 마치 피카소의 드로잉 앞에서 "이런 건 나도 그리겠다"라며 투덜대는 사람처럼.

하지만 야구는 알면 알수록 복잡하다. 이때의 혼란은 외국인이 한국어 문법을 배울 때 겪는 당혹감에 견줄 만하다. 간신히 원칙을 이해했다고 안심하는 순간, 예외가 잇따라 튀어나온다. 타자가 삼진을 당하고도 1루로 달릴 수 있는 '낫아웃'*이라든가, 수비수가 공을 잡지 않아도 타자가 자동으로 아웃되는 '인필드 플라이'**, 투수의 미세한 몸짓 하나로 반칙

---

* 포수가 세 번째 스트라이크를 잡지 못해 공이 땅에
   떨어졌을 때에만 적용된다.

** 아웃카운트가 0이거나 1일 때, 주자가 1, 2루 이상 있는
   상황에서 내야 뜬공이 나오면 주심의 선언만으로 타자가

이 선언되는 '보크'*처럼. 해석은 맥락에 따라 수시로 달라지고, 심판이나 구장에 따라 판정도 제각각이다. 어지간히 야구를 안다고 자부하는 사람도 헷갈리기 십상이다. 이런 판국에 주자가 베이스에서 발을 떼다 아웃되는 건 변명의 여지가 없는 초보적인 실수다. 그런 장면을 보면 화가 치밀지 않는 쪽이 오히려 이상하다. 생각만 해도 혈압이 오른다.

그런데도 야구팬은 매일 경기를 본다. 못하면 못한다고 화를 내고, 잘하면 이렇게 잘할 수 있으면서 어제는 왜 못했냐고 화를 낸다. 그렇게 감독이나 선수를 한껏 원망하다가도, 하룻밤 자고 나면 다시 성심을 다해 응원한다. 이 분노는 어디에도 쓸모가 없다. 내가 화를 낸다고 선수가 갑자기 잘할 리 없고, 그렇다고 야구를 끊을 것도 아니다.

나는 이 감정을 '순수한 분노'라 부르기로 했다. 유리한 입지를 점하려는 계산도, 사적인 보복심도 섞이지 않은 감정. 그저 나와 세계 사이에서 벌어지는 현실에 투명하게 반응하며, 끝까지 믿음을 놓지 않으

아웃된다.
* 예컨대 투구 도중에 멈추거나 같은 동작을 반복하면 타자나 주자를 속이는 행위로 보아 보크가 된다.

려는 태도.

　　이런 생각을 하던 즈음, 나는 꽃피는책 출판사에서 의뢰받은 세계산문선을 번역하며 카뮈의 오래된 글들을 다시 읽고 있었다. 카뮈는 인간이 무질서하고 불가해한 세계에 우연히 던져진 존재라고 했다. 그 부조리를 자각한 인간에게는 세 가지 선택지가 있다. 죽음을 택하거나, 신 같은 초월적 의미에 기대거나, 아니면 그럼에도 불구하고 혼란을 직면하며 살아가는 것. 그는 이 마지막 길을 선택한 사람을 '반항하는 인간'이라 불렀다.

　　카뮈식으로 말하자면, 야구팬의 순수한 분노 역시 한 세계에 대한 저항이다. 야구는 인생의 축소판인 만큼, 그 부조리한 속성도 고스란히 물려받았다. 타자는 열 번 중 세 번만 안타를 쳐도 뛰어난 선수로 인정받는다. 다시 말해, 실패 확률이 70퍼센트에 달하는 행위를 무한히 반복하는 스포츠다. 게다가 경기는 늘 말도 안 되는 상황을 쏟아낸다. 감독은 이해할수 없는 결정을 내리고, 믿었던 선수는 결정적인 실수를 저지른다. 팀이 아무리 잘해도 사소한 에러 하나로 경기는 뒤집힌다. 그리고 팬은 온 마음을 쏟아도 경기에 개입할 수 없다. 무력한 연루자의 신세로, 그저 모든 것을 지켜볼 뿐이다. 예측 불가능한 이 세계에서 의미를 붙잡으려는 시도는 번번이 실패한다.

그럼에도 팬은 경기를 꺼버리지 않는다. 한번 마음을 준 이상, 손바닥 뒤집듯 팀을 바꾸지도 않는다. 절망을 끝까지 지켜보며, 다시 뜰 내일의 태양을 기다린다. 다만, 화를 내면서 말이다.

반복되는 낙담 속에서도 다시 희망을 품게 하는 동력, 바로 그것이 이 기묘한 관계를 이어간다. 사람은 무관심한 대상에게 감정을 쓰지 않는다. 화가 난다는 건, 사랑하고 있다는 뜻이다. 순수한 분노는 때로 깊은 해방감으로 이어지기도 한다. 그러니 분노하자. 대신, 적당히. 그리고 몇 가지는 지키자. 누구보다 스스로에게 실망하고 있을 선수들에게 인신공격은 말기. 사랑하는 사람 앞에서 마음에도 없는 이별을 입에 올리듯, 걸핏하면 구단 해체하자는 소리도 말기.

내가 이번에 번역한 카뮈의 산문 가운데 한 편은 1954년에 쓴 「아몬드나무들(Les Amandiers)」이다. 전쟁과 허무주의에 잠식된 유럽의 풍경을 묘사하며 카뮈는 말한다. 절망의 시대일수록 냉소로 도피하기보다 오히려 절망에 맞서 희망을 품어야 한다고. 아몬드나무는 바로 그 희망의 은유다. 그는 이렇게 썼다.

우리는 누구나 자신에게 적합한 미덕을 선택할 수 있지만, 우리를 볼모로 잡은 이 엄청난 게임판 앞에선 어쨌든 기개를 잊어서는 안 된다. 선거 유세장 연단에 올라 눈을 치켜뜨고 협박을 일삼는 자들에게서 볼 수 있는 기개를 말하는 게 아니다. 흰빛과 수액의 미덕으로 겨우내 바닷바람을 견뎌내는 그 나무들의 기개를 말하는 것이다. 이 세계의 겨울 동안 열매를 준비하는 건 바로 그 기개다.*

이 구절의 "기개"는 원문을 그대로 옮기면 '성격의 힘(la force de caractère)'이다. 나는 오래 고민한 끝에 그 단어를 이렇게 번역했다. 그리고 생각했다. 야구팬에게 필요한 태도를 이보다 잘 설명하는 말이 또 있을까. 물론 카뮈가 이 문장을 쓰며 야구를 떠올렸을 리는 없다. 그러나 어쩌랴. 지금의 나는 무엇을 읽든, 무엇을 보든, 결국 야구로 모아 분노를 벼리는 '야구 깔때기'니까.

*   F. 스콧 피츠제럴드 외, 『왜 달빛을 받으며 잠시 걸어보지
    않았을까』, 강문희 · 김영글 · 정인혜 옮김, 꽃피는책,
    2025, 193쪽.

야구팬들이여, 어떤 어려움이 닥치더라도 우리,
기개를 잃지 맙시다.

야구 입문자의 국어사전

무언가를 익히고 이해하는 데 있어 어휘만큼 중요한 것도 없다. 언어는 모든 앎의 시작이다. 그런데 야구 경기를 보다 보면, 현대 한국어 곳곳에 야구에서 유래한 말들이 생각보다 깊숙이 스며들어 있다는 사실에 놀라게 된다. 어느 날, 나는 발견의 기쁨과 분류의 즐거움에 이끌려 작은 목록을 만들어보았다. 전문적인 야구 용어는 다른 훌륭한 스포츠 서적들이 충분히 다루고 있을 테니, 이 글에는 야구장에서 태어나 일상으로 건너온 말들만을 골랐다. 짧은 예문도 곁들였다. 야구, 의외로 가까운 데 있다.

등판

투수가 공을 던지기 위해 마운드에 올라서는 일. 온라인 커뮤니티에서 '등장'이라는 뜻으로 널리 쓰이며 일상어가 되었다.

예문: 사내 열애설이 터지자 김원중 대리가 직접 등판해 사실을 부인했습니다.

대타

원래 타석에 설 예정이었던 타자를 대신해 갑작스럽게 출전하는 선수. 일상에서는 어떤 일을 대신 맡는 사람을 일컫는다.

예문: 소개팅 전날 성문이가 독감에 걸려,
민우가 대타로 나가게 되었습니다.

돌직구

빠르고 곧은 궤적의 직구에서 파생된 말. 돌덩이처럼 묵직하고 강한 어조의 말, 눈치 보지 않고 직설적으로 던지는 발언을 뜻한다.

예문: 수습사원 우주가 날린 돌직구에 양상문
과장님은 아무 대꾸도 하지 못했습니다.

뜬금포

전혀 기대하지 않았던 타자가 뜻밖의 순간에 터뜨린 홈런. 예기치 못한 소식이나 의외의 행동, 또는 맥락 없이 툭 튀어나온 발언을 일컫는다.

예문: 태인 선배와 광현 선배가 2인조
트로트 그룹을 결성했다는 뜬금포에 모두가
아연실색했습니다.

한 방이 있다

중요한 순간에 홈런이나 장타를 칠 수 있는 타자처럼, 결정적일 때 강력한 한 수를 보여줄 수 있는 능력을 의미한다.

예문: 안현민 학생은 덩치에 어울리지 않게 수줍음이 많지만, 발표만 시작하면 한 방이 있습니다.

선구안

공을 고르는 눈. 즉, 투수가 던진 공이 스트라이크인지 볼인지를 정확히 가려내는 타자의 능력. 어떤 상황의 흐름을 읽고 바른 판단을 내리는 통찰력이나 식견을 뜻하는 말로도 쓰인다.

예문: 도영이는 젊은 나이에도 주식 시장의 흐름을 읽는 뛰어난 선구안을 지녔습니다.

전력투구

힘과 기술을 모두 쏟아부어 던지는 투구. 투수의 투구는 단순한 팔의 움직임이 아니라, 전신의 협응과 근력, 유연성, 내구성, 순간 집중력이 총동원되는 고난도의 운동이다. 일상에서는 성실한 몰입이나 최선을 다하는 태도를 뜻하는 말로 자리 잡았다.

예문: 임찬규 엔지니어는 이번 시즌 냉장고 신체품 출시를 위해 전력투구하고 있습니다.

에이스

1869년 시즌 동안 56승 무패를 기록한 미국 투수 에이사 브레이너드(Asa Brainard)의 이름과 카드 게임의 A가 겹쳐, 집단에서 가장 믿음직하고 뛰어난 사람을 뜻하게 되었다.

예문: 이 동네 어부 중엔 양의지 할아버지가 에이스예요. 뭐든 낚을 수 있죠.

거를 타선이 없다

투수가 상대하기 까다로운 타자에게 고의로 볼 넷을 주어 1루로 보내고, 비교적 만만한 다음 타자와 대결하는 것을 '거른다'라고 한다. 만약 모든 타자가 고루 강하다면, 거를 타선이 없다. 다른 분야에서도, 어떤 집합의 모든 구성원이 고르게 뛰어날 때 비유적으로 쓰인다.

예문: 올여름 데뷔한 아이돌 그룹 이글스는 멤버 전원이 보컬도 춤도 출중해, 거를 타선이 없습니다.

낭만에 대하여

굵은 비 내리는 날, 그야말로 옛날식 다방에 앉아 도라지 위스키 한 잔에다 짙은 색소폰 소릴 들어보렴. 최백호 선생님은 노래했다. 낭만이란 그런 거라고. 백발 가수의 구슬픈 음색이 지나치게 설득력 있었기 때문일까. 나에게도 오랫동안 낭만은 그런 거였다. 더 이상 달콤하지 않은 실연 같은 것. 다시는 돌아오지 않을 청춘 같은 것. 미련은 없지만 영원히 잃어버린 것. 슬픔을 감춘 노신사의 농담 같은 것. 여기에 어쿠스틱 기타와 애잔한 반도네온 반주까지 더해지면 반박은 불가능했다.

포털 사이트 국어사전에 '낭만'을 검색해보면 이렇게 정의돼 있다.

1. 현실에 매이지 않고 감상적이고 이상적으로 사물을 대하는 태도나 심리. 또는 그런 분위기.
2. 감미롭고 감상적인 분위기.

이제 나는 도라지 위스키의 세뇌에서 벗어나, 여기에 과감히 한 줄을 덧붙인다.

3. 야구가 본래 지닌 성질 중 하나.

야구에 관심이 있든 없든, '낭만 야구'라는 표현은 한 번쯤 들어봤을 것이다. 이렇게까지 자주 낭만을 들먹이는 스포츠는 없으니까. 일반화의 오류를 무릅쓰고 말하건대, 야구팬은 대체로 낭만에 미친 사람들이다. 홈런을 쳐도 낭만. 빗속에서 경기를 해도 낭만. 연장전에 들어가도 낭만. 끝내기 안타가 터져도 낭만. 야구와 낭만 사이에는 분명 모종의 연결고리가 있다. 그래서 야구라는 단어를 떠올리기만 해도 대뇌피질 어딘가에 핑크빛이 감돌고, 낭만이라는 단어가 자석처럼 달라붙는 것이다.

물론 야구팬이라고 해서 모두가 똑같이 느끼는 건 아니다. 사람마다 낭만에 대한 해석은 다를 테니까. 이를테면 나는 4번 타자의 만루홈런을 낭만적이라고는 생각하지 않는다. 너무 완벽하고 멋진 플레이는 오히려 낭만과 거리가 있다.

내가 생각하는 낭만은 약간 모자란 데 있다. 멋이 없는데 있는 것. 조금 바보 같은데 이상하게 근사한 것. 이득이 없는데 굳이 하는 것.

생각해보니, 내가 야구에 사로잡힌 것도 바로 이런 순간들 때문이었다.

이긴 걸로 충분해

야구는 시간제한 없이 '초'와 '말'로 나뉜 아홉 개의 이닝을 소화하면 끝나는 경기다. 9회 말은 홈팀의 마지막 공격이다. 그런데 9회 초가 끝났을 때 이미 홈팀이 1점이라도 앞서 있다면, 9회 말은 생략된다. 경기를 그대로 끝내버리는 것이다.

두 팀이 공수 교대를 반복하며 점수를 겨루는 스포츠 중 이런 규칙을 가진 건 내가 아는 한 야구뿐이다. 이긴 팀 입장에선 점수를 더 낼 기회가 있음에도 그냥 판을 덮는 셈이다. 고스톱으로 치면 손에 좋은 패를 쥐고도 '고'를 외치지 않고 '스톱'하는 것과 같다.

프로야구에서도 득실 차는 순위에 영향을 미친다. 이득을 따진다면 불리할 수도 있다. 하지만 야구는 그 중단을 손해라고 보지 않는다. 이미 패배가 확정된 상대에게서 점수를 더 빼앗으려 하지 않는다. 왜냐고? 오늘은 이긴 걸로 충분하니까.

당신 손으로 직접

믿음직한 선발투수를 내세워도, 그 어깨에 모든 걸 맡길 순 없다. 타자 한 명은 안타를 못 쳐도 괜찮다. 뒤에 여덟 명이나 대기 중이니까. 하지만 선발투수가 흔들리기 시작하면 혼자서 몇 이닝이고 경기를 무너뜨릴 수도 있다. 그때 감독은 타이밍을 보고 과감히 교체를 결심해야 한다. 한 이닝이라도 더 던지고 싶어 하는 투수, 조금만 더 믿어주면 상황을 만회할 수 있다고 주장하는 투수라도, 현명한 감독이라면 결연히 끌어내려야 한다.

축구장에서는 호루라기 소리와 전광판 안내로 교체가 이루어진다. 야구는 다르다. 감독이나 투수코치가 직접 마운드로 걸어간다. 멀리서 자신을 향해 오는 감독을 본 투수는 아쉬움을 감추지 못하지만, 이내 공을 내어준다. 수고했다며 궁둥이를 툭툭 두드려주는 손길. 야구에서 교체는 그렇게, 손으로 직접 이루어진다.

최고의 피아니스트처럼

야구를 잘 몰랐을 땐 타자가 섹시해 보였다. 거침없이 배트를 휘둘러 파울이라도 날려 보내면 관중은 탄성을 터뜨린다. 야구의 묘미를 알고 나선 투수의 매력에 취향저격 당했다. 홈런을 맞을까 봐 피하지 않고, 삼구삼진에 영혼을 걸 줄 아는 게 바로 낭만투수다.

그런데 야구를 보면 볼수록 포수만큼 낭만적인

포지션도 없다는 생각이 든다. 포수는 경기의 전체 흐름을 읽을 줄 알고, 투수를 다독여줘야 할 타이밍을 안다. 언제나 묵묵히 투수 뒤에 서 있지만, 포수가 없다면 투수도 없다.

이건 나만의 생각이 아니었다. 2023년 겨울, 오랜만에 열린 콘서트에서 가수 이소라도 비슷한 이야기를 했다. 나는 놀라움과 반가움으로 크게 동요했다. 이소라 언니가 나와 비슷한 시기에 야구에 빠졌다니. 어슴푸레한 무대에서 그는 꿈꾸는 듯한 목소리로 말했다.

"야구가 노래하는 것과 비슷하다는 생각이 들어요. 모두가 각자의 자리에서 하모니를 이루고 있더라고요. 마치, 제가 어떤 노래를 던져도 이분이 훌륭하게 다 받아주시는 것처럼요."

무대 한쪽에는 그의 오랜 동료, 피아니스트 이승환이 조용히 미소 지으며 서 있었다.

도루에 살고 도루에 죽고

나는 늘, 앞섶이든 등판이든 유니폼이 시커먼 흙투성이인 선수를 보면 마음이 움직인다. 그런 선수는 삼진을 당해도 1루까지 달린다. 안 되는 줄 알면서도 그냥 뛴다. 도루할 때도 대충 하는 법이 없다. 베이스를 향해 몸을 던질 때는 슬라이딩, 그것도 머리부터 가는 헤드퍼스트다.

이 방식은 부상 위험이 커서 한국 프로야구에서는 벌금을 물리기도 한다. LA 다저스의 슈퍼스타 오타니 쇼헤이에게는 아예 도루와 슬라이딩 금지령이 내려지기도 했다. 그래도 어떤 선수들은 무모할 정도로 몸을 내던진다. 배는 항구에 있을 때 가장 안전하지만, 그것이 배의 존재 이유는 아니니까. (내가 한 말이 아니고, 괴테가 한 말이다.)

우리 팀이 도루에 성공하면 날아갈 듯 기쁘고, 상대 팀이 성공하면 떡을 빼앗긴 듯 속이 쓰리다. 도루를 저지하려면 빠른 송구 능력만큼이나 투수의 눈빛이 중요하다. 힘들여 공을 던질 것도 없이, 고개만 살짝 돌려 쏘아 보내는 이글이글한 시선 하나로 주자를 묶어둘 수 있기 때문이다. 이 눈빛은 류현진의 전매특허다. 역시 그는 괴물이라 불리기에 부족함이 없는 선수다. 가장 강한 군대는 싸움을 잘하는 군대가 아니라 전쟁을 억제하는 능력이 뛰어난 군대라 하지 않던가. (류현진 선수를 두고 김민수 캐스터가 한 말이다.)

지금까지 야구의 낭만적인 측면을 여럿 열거했

으니, 하나쯤은 낭만과 거리가 먼 이야기도 해야겠다. 야구 경기를 시작할 때마다 반드시 거쳐야 하는 국민의례 시간. 한숨이 절로 나온다. 한국 4대 프로 스포츠 중 국민의례를 의무화한 종목은 야구뿐이다. 축구와 배구는 애초에 국민의례가 없었고, 농구는 2024년부터 자율로 바뀌었다. 국가대항전이라면 또 모를까, 화요일부터 일요일까지 이어지는 일상적인 경기에서 매일 애국가를 들으며 기립하는 건 시간 낭비이자 에너지 낭비다. 무엇보다 자유와 낭만에 대한 노골적인 침해다.

생각난 김에 KBO 리그 규정집을 내려받아 읽어봤다. '경기 중 선수단 행동 관련 지침'에는 이렇게 적혀 있었다.

경기 개시 직전에 애국가가 방송될 때 벤치 내에 있는 선수는 벤치 앞에 나와 정렬하며, 기타 경기장 내에 있는 심판위원과 선수는 모자를 벗고 왼쪽 가슴 위에 손을 얹는다. 연주가 종료될 때까지 개인 돌출 행동은 금지.

2025년 정규 리그 개막전에서 열 개 구단이 모두 외국인 선발투수를 내세웠다. 애국가는 도대체 누구를 위한 의례인가. 국적을 막론하고, 선수 중 그 누구도 애국심으로 경기를 뛰는 건 아닐 것이다. 팀의 승리를 위해서, 크고 작은 약속들을 위해서, 혹은 낭만을 위해서라면 모를까.

이 시대착오적인 의례를 하루빨리 없앨 것을 한국야구위원회에 건의한다. 낡은 관행을 걷어내지 못하는 리그에는 낭만도 미래도 없다. (이건 내가 한 말이다.)

아니, 우리 원팀 아니었어요?

저녁을 먹고 고양이 간식을 챙기던 참에, 하늘이 무너지는 듯한 소식이 들려왔다. 한화 이글스의 중견수 장진혁 선수가 kt 위즈로 이적한다는 얘기였다. 기사를 뒤져보니, kt의 엄상백 투수가 한화로 이적하면서 보상 선수로 장진혁이 지명된 것이었다.

그는 내가 한화 선수 중 다섯 손가락 안에 꼽을 만큼 좋아하던 선수였다. 2024년 정규시즌 동안 아흔아홉 경기에 나와 홈런 아홉 개, 도루 열네 번을 기록했고, 수비도 제법 안정감 있게 해냈다. 게다가 남성미 넘치는 훈훈한 외모로 많은 여성 팬들의 사랑을 받으며 팀의 간판스타로 자리 잡아가던 중이었다. 불과 일주일 전만 해도 한화의 새 유니폼을 입고 화보를 찍지 않았던가. 맙소사, 화보의 잉크가 채 마르기도 전에 이런 일이 터질 줄이야.

부인하지 않겠다. 중견수로서의 능력만큼이나 그의 보조개를 높이 샀음을. 그러나 내가 상심한 까닭이 단지 미남 선수를 잃어서만은 아니었다. 애초에 나는 스포츠 문외한이라, 선수들이 사고팔린다는 개념조차 잘 몰랐다. 야구를 보기 시작하고서야 그 세계를 조금씩 이해하게 됐다. 예전 같으면 그저 스쳐 들었을 뉴스였다. 호날두가 몇천만 유로를 받고 어디로 갔다느니, 손흥민이 이적할 수도 있다느니 하는 이야기들 말이다.

하지만 응원하는 팀이 생기고 나니, 선수 이적은 더 이상 남의 이야기가 아니었다. 내가 몰랐을 뿐, 선수들은 늘 팀을 옮겨 다니고 있었다. 프로스포츠에서 이적은 주로 트레이드나 FA(프리에이전트)를 통해 이뤄진다. 트레이드는 구단끼리 선수를 맞바꾸는 방식이고, FA는 선수가 스스로 시장에 나와 다른 팀과 새로 계약을 맺는 방식이다. 이 자본주의적인 거래 속에서 선수는 몸값을 높이고, 구단은 손해 보지 않을 선택을 한다.

그러니 논리적으로 이해할 수 있는 일이다. 한화는 수십억 원 규모의 계약을 맺었고, 그 대가로 kt에 보상금과 보상선수를 내줬다. 한쪽은 선발투수를 확보했고, 다른 한쪽은 중견수 자원으로 전력을 보강했다. 이것이 냉정한 프로의 세계다. 하지만 이성의 설명이 감정을 달래주진 못했다.

나는 구단에 전화를 걸어 따지고 싶었다. 아니, 우리 원팀 아니었어요? 한화의 얼굴로 써먹을 땐 언제고, 계산기 두드리더니 이렇게 손절인가요? 저는 우리 장진혁 선수, 이렇게 못 보냅니다.

물론 전화를 걸진 않았다. 내가 그렇게까지 한

가한 사람은 아니라서. 대신 내 무릎 위에서 동그랗게 몸을 말고 앉아 있는 고양이의 털을 천천히 빗겨주며 생각에 잠겼다. '테세우스의 배'라는 고전 난제가 있다. 아테네인들은 테세우스가 괴물 미노타우로스를 처치하고 돌아올 때 탄 배를 오래도록 보존하며 기념했다. 그러나 나무로 만들어진 배는 세월이 지나 부식되었고, 사람들은 썩은 판자를 하나씩 새것으로 갈아 끼우며 보수했다. 철학자들은 묻는다. 모든 판자가 교체되어 원래의 판자가 하나도 남지 않은 순간, 그 배는 여전히 같은 배일까? 우리는 그것을 테세우스의 배라고 부를 수 있을까?

나는 고양이의 투명한 눈동자를 바라보며 생각했다. 한화 이글스를 한화 이글스이게 하는 건 무엇일까? 팀 이름? 대전이라는 연고지? 모기업 한화? 아니면 류현진처럼 이름만 들어도 알 만한 간판선수들?

구성 요소들은 계속 바뀌고 있었다. 알고 보니 안치홍 선수는 한화로 이적한 지 고작 1년 남짓 된, 그전에는 기아 타이거즈에서 10년 넘게 주전으로 뛴 프랜차이즈 스타였다. 류현진도 메이저리그 다저스와 블루제이스에서 11년을 뛴 뒤 돌아왔다. 그뿐인가. 감독이 시즌 중간에 교체되기도 했다. 그럼에도 한화는 한화였다.

하지만 무수한 트레이드와 이적 끝에, 이 팀에 내가 아는 이름이 하나도 남지 않게 된다면? 팀 이름과 색깔, 운영 주체까지 바뀐다면? 그때도 나는 이 팀을 '우리 팀'이라 부를 수 있을까? 나는 개별 선수들을 응원하는 걸까, 아니면 한화 이글스라는 하나의 개념, 불변의 상징을 응원하는 걸까?

난제는 쉽사리 풀리지 않았다. 아니, 그래서 난제인 법이다. 탄식 끝에 한 가지 쉬운 길이 눈에 들어왔다. 야구판의 자본주의 시스템을 있는 힘껏 미워하는 길. 나는 구단과 제도를 탓하다가, 마침내 죄 없는 선수들까지 원망의 눈으로 바라보기 시작했다. 선수의 행보가 그의 뜻대로만 결정되는 게 아니라는 걸 알면서도 말이다.

프로야구 선수는 백사장의 모래알처럼 많지만, 그 역사에서 원클럽맨*은 한 줌밖에 되지 않는다. 그 사실이 못내 서운했다. 마음 같아선 우리 팀 선수 전원이 종신 한화를 맹세하고 이 팀에 뼈를 묻기로 결의라도 해주었으면 했다. 나 역시 충직한 팬으로서, 한

---

* 프로 선수 생활 동안 한 번도 이적하지 않고 데뷔부터 은퇴까지 한 팀에서만 활동하는 사람.

번 품은 이 팀을 결코 버리지 않을 테니까. 나름 진보적인 현대 여성으로 살아온 내가 어쩌다 조선시대 사대부 집안의 정숙한 며느리처럼 '일부종사'를 외치고 있는지 기가 막힐 노릇이지만, 그만큼 억지를 부리고 싶었다.

그러는 사이 봄이 왔다. 세상은 이해할 수 없는 일투성이여도, 시간만은 공평했다. 구단들의 판자가 몇 차례 갈리고 덧대어지는 동안, 계절도 부지런히 흘러 마침내 야구장에도 봄을 데려왔다. 3월 22일, 기다리던 정규리그 개막전. 수원 구장에서 한화 이글스와 kt 위즈가 맞붙었다.

아홉 번째 타순에 심우준 선수가 이름을 올렸다. 지난겨울 FA로 kt에서 한화로 옮겨온 유격수였다. 떠나보낸 선수들이 아쉽다면, 새로 온 선수들은 낯설었다. 나는 연습경기 내내 그를 미심쩍은 눈길로 지켜봤다.

그의 차례가 되었다. 그런데 타석에 서기 전, 그는 방망이를 들고 조심스레 몇 걸음 앞으로 걸어 나왔다. 모자를 벗어 한 손에 고이 쥐더니, 구장의 삼면을 차례로 바라보며 허리를 깊이 숙였다. 이적 후 첫 경기, 첫 타석. 그가 몸담았던 홈구장의 팬들에게 전하는 인사였다. kt 팬들은 박수로 답했다. 그의 얼굴에 미소가 번졌다. 고마웠노라고, 어디에 있든 최선을 다하겠노라고, 말하지 않아도 그 마음을 읽을 수 있었다. 순간, 내 안에 쌓였던 혼란과 조바심이 봄볕에 눈 녹듯 사라졌다. 팔짱을 끼고 선수들을 훑어보던 내 모습이 어찌나 옹졸하게 느껴지던지.

그때부터였을까. 우리 팀에 새로 합류한 선수들뿐 아니라, 다른 팀에서 뛰고 있는 선수들도 조금은 다르게 보였다. 스쳐 지나가던 이름들이 하나둘 기억에 남고, 누가 어떤 기술을 쓰고 어떤 습관을 지녔는지도 눈에 들어왔다. 예전엔 '우리 팀 선수'와 '남의 팀 선수'가 뚜렷이 갈렸다면, 이제 그 경계도 비교적 옅어졌다. 누구든 언젠가는 우리 팀이 될 수 있고, 크게 보면 모두가 한국 프로야구 무대에서 함께 뛰는 '야구선수'니까. 유니폼 색이 무엇이든, 몸값이 얼마이든. 그렇게 생각하자 야구의 세계가 전보다 더 넓고 깊어졌다.

문득 기시감이 밀려왔다. 마음의 경계가 조금씩 넓어지는 이 감각을, 이미 한 번 배운 적이 있다.

길에서 온 고양이들과 가족이 된 뒤였다. 그즈음부터 골목 어귀에서 마주치는 다른 고양이들도 낯설지 않았다. 이름도, 사연도 모르는 존재들의 안녕을 조용히 빌게 되었다. 야구장에서든 골목에서든, 우리는 모두 이 세상이라는 거대한 팀의 일원으로 같은 계절을 겪으며 살아가고 있는지도 모르겠다.

야구를 뜨는 시간

야구를 좋아한다고 말하면 종종 이런 질문이 돌아온다.

"직접 하기도 하세요?"

그럴 때마다 '스포츠'라는 단어의 의미를 다시 더듬어보게 된다. 누군가 영화광이라고 해도, 그가 직접 영화를 찍는지 묻는 사람은 드물다. 연극을 좋아한다고 해서 무대에 서느냐고 묻지도 않는다. 하지만 스포츠는 유독, 몸으로 뛰어들어야만 진짜로 좋아하는 것처럼 여겨지는 영역인 듯하다. 경기장이라는 물리적 공간, 그 안에서 몸을 움직이는 경험이 곧 '참여'의 조건으로 인정되기 때문이다. 관람은 늘 그 세계의 가장자리, 경계 밖에 선 태도로 간주되곤 한다.

나는 야구를 하지 않는다. 언젠가 하게 될지도 모르지만, 적어도 지금의 나는 생활체육인으로서 야구를 즐기지는 않는다. 내가 야구를 대하는 마음은 운동의 영역이라기보다는 감상의 영역에 있다. 음악을 듣는 마음, 영화를 보는 마음, 책을 읽는 마음, 라디오를 청취하는 마음에 가깝다.

나는 야구를 본다. 가끔 야구장에 가기도 하지만, 대부분은 집 안에서 담요를 무릎에 덮고 중계를 본다. 손에 가벼운 소일거리를 쥐고 있을 때도 있다.

이따금 바느질을 하며 야구를 본다. 특별한 목적이 있는 건 아니다. 작은 코스터나 주머니 같은 소품을 만들 때도 있지만, 실용적인 결과물을 염두에 두기보다는 그저 손을 움직이기 위해 바늘을 든다. 자투리 천을 이어 퀼트 조각을 만들고, 무엇이 될지 모른 채 바구니에 차곡차곡 쌓아두기도 한다.

겨울이 깊어지면 뜨개질을 한다. 마음에 드는 빛깔의 실을 골라, 길이도 정하지 않은 채 하염없이 목도리를 뜬다. 뜨다가 마음에 들지 않으면 도로 푼다. 같은 실로 같은 무늬를 떠도 편물의 표면에는 바늘을 쥔 사람의 호흡이 남는다. 어떤 땀은 촘촘하고 어떤 땀은 느슨하다.

외부 환경도 영향을 미친다. 느린 음악을 들으며 바늘을 움직이면 손도 자연스레 느려지고, 빠른 비트의 음악을 틀면 손놀림에도 박자가 붙는다.

야구 중계를 틀어놓고 바느질이나 뜨개질을 할 때면, 내 손은 천 위를 산책하듯 움직인다. 전개가 급박해져 주자가 그라운드를 반원으로 가르며 달리기 시작하면, 바늘을 실뭉치에 꽂아두고 화면으로 시선을 옮긴다. 공의 궤적을 잠시 따라가다 숨을 고르고 다시 바늘을 든다. 방 안에서 이어지는 고요한 손의 리듬은 야구의 역동성과 묘한 조화를 이룬다.

아무것도 하지 않은 채 화면만 바라보고 있으면 허전할 때가 있다. 손을 움직이며 보는 행위는 그저 눈으로만 볼 때와는 또 다른 집중을 만들어준다. 책을 읽으며 한 손으로 고양이의 등을 쓰다듬거나 전화 통화를 하면서 무심코 볼펜을 돌리는 순간처럼. 손과 눈이 동시에 움직이는 그 시간, 나는 경기를 뛰는 것도, 현장에 있는 것도 아니면서, 분명히 무언가에 가담하고 있다.

손이 반복하는 동작은 언제나 어떤 물성을 향한다. 천과 실처럼 부드럽고 연약한 것 위를 거닐던 손끝의 감각이 어느 순간 화면 속 빠르게 회전하는 공에 닿는다. 그때 문득 생각난다. 저 공 또한 세심하게 만들어진 하나의 사물이며, 누군가의 손끝에서 비롯되었다는 사실이.

나는 야구공을 두 개 가지고 있다. 하나는 인터넷으로 주문한 KBO 공인구, 다른 하나는 얼마 전 대전 신구장*에서 사온 한화 이글스 기념구다. 8자 모양으로 재단된 하얀 가죽 위에 붉은 실밥이 또렷하게 이어져 있다. 언뜻 보면 단순한 봉제선 같지만 야구의 거의 모든 것은 이 실밥에서 시작된다.

투수가 공을 쥘 때, 실밥은 손가락의 위치를 고

* 공식 명칭은 '대전한화생명볼파크'다.

정하고 마찰을 일으키는 기준점이 된다. 이 미세한 울퉁불퉁함이 구종을 가른다. 이를테면 실밥을 가로질러 잡아 회전 중 네 줄의 실밥이 보이게 던지는 공이 포심 패스트볼이고, 실밥의 능선을 따라 세로로 손가락을 놓아 두 줄만 보이게 던지는 공이 투심이다. 잡는 방식에 따라 공의 궤적이 바뀌고, 공기의 흐름과 회전수도 달라진다. 던지고, 치고, 달리고, 점프하고, 슬라이딩하는 격렬한 장면들이, 이렇게 촘촘하고 다소곳한 바느질땀 하나에 좌우된다는 사실은 나에게 늘 모종의 신비다.

야구공을 만드는 해외 공장의 제작 영상을 본 적이 있다. 모든 공정이 놀라울 만큼 섬세하고 정교해서 나도 모르게 한참을 넋 놓고 바라봤다.

야구공은 코르크나 고무로 된 코어에 양모 실을 수천 번 감아 올린 뒤, 8자 모양으로 재단한 가죽 두 조각을 덧대고, 붉은 실로 108번 바느질해 완성된다. 대부분의 공정은 자동화되었지만, 마지막 바느질만큼은 여전히 사람의 손이 맡는다. 실의 장력과 바늘땀의 간격, 좌우 대칭을 오차 없이 맞추는 일은 기계보다 손이 더 믿을 만하기 때문이다.

현재 KBO 공인구의 경우 이 마지막 공정은 스리랑카의 공장에서 이루어진다. 바느질 작업은 대개

저임금 노동자들의 몫이다. 긴 호흡과 집중을 요하는 이 일은, 그들의 하루 대부분을 반복되는 바늘과의 싸움으로 채운다. 공 하나를 꿰매는 데 15분 남짓 걸리지만, 작업 강도와 까다로운 검수 과정을 감안하면 숙련된 기술자라도 하루에 스무 개를 넘기기 어렵다고 한다.

108개라는 실밥의 개수가 하필이면 불교에서 말하는 번뇌의 수와 같다. 물론 종교적 상징과는 관계가 없다. 구면 위에서 가장 안정된 균형을 이루도록 계산된 기술적 수치일 뿐.

그렇게 정성스럽게 만들어진 공을 책상 위에 올려두고, 나는 종종 오래 바라본다. 공 너머의 손들이 떠오른다. 천을 깁는 손. 실을 감는 손. 공을 꿰매는 손. 마운드에서 공을 던지는 손. 미트*를 받치는 손. 사인볼을 받아 드는 아이의 손. 그리고 그것들에 관해 쓰는 손. 잠시 후, 시선은 다시 내 앞에 놓인 실과 바늘로 돌아온다.

요즘은 은회색 면사로 작은 가방을 뜨고 있다. 손잡이 부분을 한참 이어가던 중, 중계 화면 속에 만

---

*   mitt. 포수가 끼는 글러브로, 공을 안정적으로 받을 수 있도록 둥글고 두꺼우며 포켓이 길고 손가락 구분이 없다.

루 상황이 찾아온다. 사슬 모양의 고랑 사이에서 코바늘이 숨을 멈춘다. 나는 실뭉치를 두 손에 꼭 쥔 채 벌떡 일어나 화면을 응시한다. 마무리 투수가 던진 변화구가 스트라이크존 모서리를 스치며 위기를 모면한다. 투수의 손이 승리를 자축하며 하늘로 번쩍 들리는 순간, 내 손끝의 긴장도 스르르 풀린다.

바닥으로 굴러간 실뭉치를 주워 들고, 풀린 실을 가만히 되감는다. 실을 감는다는 뜻의 영어 단어 '와인드(wind)'에는 원래 곡선의 궤적으로 무기를 휘두른다는 의미가 담겨 있다고 한다.* 흥미롭게도, 투수가 공을 던지기 전 양팔을 뒤로 넘기며 준비하는 동작 역시 '와인드업(wind-up)'이라 부른다.

세상을 그저 '있는 것'이 아니라 '되어가는 것'으로 바라본 인류학자 팀 잉골드는, 실을 '직물이 되어가는 중인 뭉치'**라고 불렀다. 그의 말을 흉내 내보자면, 야구공이란 '포물선이 되어가는 중인 실밥'일지도 모른다. 공이 어떤 경이로운 궤적을 그릴지는 그것을 꿰맨 이도, 던지는 이도 알 수 없다. 그리고 나는 나대로 손을 움직이며 그 과정에 동행한다. 감는

---

* 팀 잉골드, 『조응』, 김현우 옮김, 가망서사, 2024, 290쪽.

** 같은 책, 288쪽.

손. 뜨는 손. 멈추는 손. 푸는 손. 실의 길을 따라 포물선을 그려보는 손. 종종 그 손들이 이어놓은 투명한 길이, 나를 뜻밖의 어딘가로 데려다놓는다.

다시 만난 히데오

친구들과 가끔 즐기는 보드게임이 있다. 이름은 딕싯(dixit). 라틴어로 '그(녀)가 말했다'라는 뜻이다. 규칙은 단순하다. 서로 다른 그림이 그려진 카드 뭉치에서 각자 몇 장씩을 뽑고, 돌아가며 한 명씩 '이야기꾼'이 되어 그중 한 장을 골라 설명한다. 보통은 그림에서 연상되는 짧은 문장을 말한다.

이를테면, 낙엽을 망토처럼 두른 남자가 어두운 숲을 향해 걸어가는 그림을 골랐다고 하자. 이야기꾼은 그 카드를 뒤집어 내려놓으며 말한다. "무소의 뿔처럼 혼자서 가라." 그러면 나머지 플레이어들도 그 문장에 어울리는 자신의 카드를 골라, 마찬가지로 뒤집어 낸다. 누군가는 끝없이 이어진 외나무다리 그림을, 또 누군가는 열정적으로 바이올린을 켜는 여자의 그림을 낼 것이다. 카드들은 서로를 유혹하는 미끼가 된다. 이야기꾼은 모든 카드를 섞어 펼치고, 나머지는 그중 이야기꾼의 진짜 카드를 맞힌다.

점수는 이렇게 매겨진다. 정답을 맞힌 플레이어와 이야기꾼은 점수를 얻는다. 그러나 모든 사람이 맞히거나 아무도 맞히지 못하면, 이야기꾼을 뺀 나머지가 점수를 얻는다. 그러니 "낙엽을 망토처럼 두른 남자가 어두운 숲을 향해 홀로 걸어간다"처럼 설명이 지나치게 직설적이면 단번에 정체가 드러나고, 반대로 "무지개가 찬란히 떠오르는 날"처럼 너무 엉뚱한 말을 하면 아무도 정답을 맞히지 못한다. 이야기꾼은 경계선을 절묘하게 타야 한다.

요컨대 이 게임은 '이야기란 무엇인가?'라는 질문을 품고 있다. 너무 뻔하지도, 너무 난해하지도 않아야 한다. 좋은 이야기는 그 사이 어딘가에 있다. 선을 탄다는 건 곧 밀고 당기기를 한다는 뜻이다. 이야기는 너무 쉽게 읽히지 않아야 하고, 무엇보다 상대를 읽어야 한다. 눈치 싸움, 심리전이 필요한 일이다.

야구도 눈치 싸움과 심리전으로 흘러가는 한 편의 이야기다. 투수에게 주어진 임무는 이야기꾼의 역할과 닮아 있다. 투수는 공을 스트라이크존에 넣어야 한다. 가로 47센티미터 남짓한 좁은 직사각형. 그 한가운데로 공을 던질 게 너무 분명해 보이면, 타자는 의도를 읽고 공을 쳐낼 것이다. 하지만 너무 바깥으로 빗나가면 볼 판정을 받고 만다. 결국 직구와 변화구를 적절히 섞어, 타자의 예상을 어기고 그를 속여야 한다.

류현진은 노련한 이야기꾼이다. 그는 마운드 위의 책략가, 공을 쥔 외교관이다. 첫 공은 마치 "이건 그냥 생각나서 하는 말인데…"로 시작되는 수다 같다. 그의 투구에는 복선이 있고, 반전이 있으며, 때로는 서늘한 서스펜스도 흐른다. 훌륭한 체인지업으로 타자를 무력화시킨 뒤, 느린 커브로 타이밍을 흔들고, 결정적인 순간 날카로운 직구를 꽂아 넣는다. 그러고는 아무 일도 없었다는 듯, 다시 공을 만지작거리며 마운드를 어슬렁거린다.

한편, 밀당을 모르는 투수도 있다. 그의 공은 눈치 따위 보지 않고 직선의 궤도로 날아든다. 다양한 구질이나 낚시질은 없다. 오직 직구 하나. 자신이 가진 단 하나의 공을 믿고 정면 돌파를 택한다. 마치 다른 선택지는 애초에 없었던 것처럼. 고등학교를 갓 졸업한 신인 투수가 프로 무대에 올라 직구 세 개로 삼구삼진을 잡아낼 때, 관객은 사랑에 빠질 수밖에 없다.

그런 투구에는 기술보다 용기가, 전략보다 진심이 있다. 서두를 듣는 순간 결말이 예측되지만, 그래도 보고 싶은 이야기. 아니, 보고 또 봐도 질리지 않는 이야기. 가끔은 생각한다. 정말 좋은 이야기는 어쩌면 이미 알고 있는 이야기일지도 모른다.

직구에 관해 말하자면, 야구 만화의 전설 아다치 미츠루의 『H2』를 빼놓을 수 없다. 나는 이 만화를 이십대에 처음 읽었다. 아마 델리스파이스의 노래

〈고백〉을 듣고 나서였을 것이다. "중2 때까진 늘 첫째 줄에/ 겨우 160이 됐을 무렵/ 쓸 만한 녀석들은 모두 다/ 이미 첫사랑 진행 중"이라는 도입부 가사가 『H2』의 대사에서 따온 것이었다.

1990년대 일본 만화답게 여고생 수영복이나 속옷이 슬쩍 보이는 '판치라(パンチラ) 컷'이 많아, 지금 보면 불편한 구석도 있다. 그럼에도 이 만화가 담고 있는 십대의 우정과 사랑, 엇갈림과 성장의 서사는 세월이 지나 다시 읽어도 여전히 뭉클해, 삼각관계 청춘물의 고전이라 할 만하다.

히로와 히데오는 둘도 없는 친구다. 고등학교에 진학하며 두 사람은 각자 다른 학교의 야구부 에이스가 된다. 그리고 히로의 소꿉친구이자 지금은 히데오의 여자친구가 된 히카리를 사이에 두고 미묘한 긴장이 흐르기 시작한다. 우정과 경쟁심, 그리고 히카리를 향한 복잡한 감정을 품은 두 소년은 마침내 전국대회 결승에서 맞붙는다. 이 경기의 승자가 히카리를 얻는다는 암묵적인 약속이 그들을 더욱 날카롭게 만든다. 정작 히카리는 그런 선택을 원한 적도 없는데 말이다. 남자 둘이 여자 하나를 놓고 스포츠로 승부를 보다니, 유치하긴 하지만 옛날 만화니까 그러려니 한다.

히로는 강력한 직구를 던지는 투수, 히데오는 어떤 공이든 담장 밖으로 날려버리는 4번 타자다. 말 그대로 창과 방패의 싸움. 두 사람의 마지막 승부는 9회 말 2아웃, 투스트라이크 원볼 상황에서 펼쳐진다. 점수 차는 단 한 점. 관객들은 숨을 삼키고, 감독은 어떤 사인도 내지 않은 채 묵묵히 그들을 지켜본다.

히로는 이미 직구 두 개를 던졌다. 상식대로라면 다음 공은 변화구다. 히로도, 포수 노다도 그 사실을 안다. 노다가 변화구 사인을 보낸다. 히로는 고개를 끄덕인다.

하지만 타석에 선 히데오는 확신한다. 히로가 다시 직구를 던질 거라고. 지금 이 순간, 세상의 어떤 계산보다 정직한 공으로 자신과 승부를 벌일 거라고. 히데오는 히로를 바라보며 배트를 움켜쥔다. 눈빛이 이글이글 타오른다.

마운드 위에서 히로가 마지막 숨을 내쉰다. 팔을 뒤로 젖혔다가, 강하게 앞으로 뻗는다.

두둥.

결과는 어떻게 되었을까?

처음 이 만화를 읽었을 땐 야구에 대해 아무것도 몰라, 마지막 장면의 의미를 거의 이해하지 못했다. 하지만 이제는 알 것 안다. 둘 중 누가 히카리를 더 좋아했는지를.

히로는 결국 직구를 던졌다. 자신이 던질 수 있는 가장 강한 직구를. 히로를 누구보다 잘 아는 노다는 변화구 사인을 보냈지만, 정작 미트의 위치는 바꾸지 않았다. 히로가 직구를 포기하지 않으리라는 걸 알고 있었기 때문이다.

하지만 히데오는 몰랐다. 마지막 순간, 히로가 고속 슬라이더*를 던질지도 모른다는 의심이 히데오의 머리를 스쳤다. 히로는 혹여 지더라도 정면 승부할 수 있는 공을 택했고, 히데오는 히로가 이기기 위한 공을 던질 거라 오해했다. 자신만큼이나 히로도 히카리를 원하고 있으리라는 불안이 히데오의 마음을 흔들었다. 그래서 헛스윙을 하고 말았던 것이다.

이렇게 말해도 되지 않을까. 마지막 순간, 히로는 야구를 생각했고, 히데오는 히카리를 생각했다고. 경기가 끝난 뒤 히카리가 히데오와 뜨거운 포옹을 나눈 건, 어쩌면 당연한 결말이었다.

---

* 커브볼과 함께 대표적인 변화구 중 하나로, 변화구에서도 비교적 빠른 편에 속한다.

여자는 어디에 있나

야구에 관한 에세이를 쓰기로 한 뒤, 두 가지 걱정이 마음에 싹텄다. 하나는, 입문 2년 차의 뉴비가 『아무튼, 야구』를 썼다는 사실이 오래된 야구팬들의 심기를 건드리진 않을까 하는 두려움이었다. '화내기 전문가들'에게 미움받는 일은 상상만 해도 무섭다. 내가 쓴 글이 마음에 안 든다고 누군가 "위고 출판사 해체"를 외치기라도 하면 어쩌나. 하지만 누구에게나 처음은 있고, 그 시간을 기록하는 일에도 의미가 있다고 믿는다. 여기까지 읽은 분이라면, 이미 어느 정도는 헤아려주신 셈이겠다.

다른 하나는 좀 더 실체가 있는 걱정이었다. 이 책이 남성들만의 이야기로 채워지면 어쩌나 하는 것이었다. 불행히도 우려는 적잖이 현실이 되고 말았다. 야구판의 현실이 그러하니 어쩔 수 없는 일이라 해도, 내 뒤를 계속 따라붙는 질문을 못 본 체하긴 어려웠다. 여성 팬이라면 시시때때로 고개를 돌려 마주할 수밖에 없는 물음. 여자는 어디에 있나?

야구를 좋아하게 된 뒤, 나는 야구와 여자의 교집합이 놀라울 만큼 작다는 사실에 당황했다. 작을 뿐 아니라, 어딘가 왜곡되어 있기도 했다. 야구를 다룬 영화나 만화, 드라마 속 여성은 언제나 '야구에 진심인 남자'의 승부욕에 불을 지피는 조력자로 그려진다. 현실의 야구장에서도 여자가 설 수 있는 자리는 정해져 있는 듯했다. 치어리더가 도열한 응원석, 시구를 위해 유명인이 잠시 오르는 마운드, 그리고 관중석.

1982년 프로야구 출범 이후, 오랫동안 여성은 야구의 주 관객으로 호명되지 않았다. 하지만 최근 몇 해 사이 여성 관중 비율은 가파르게 올랐다. 프로야구 연간 관중이 천만 명을 돌파한 2024년, 티켓 구매자 중 여성 비율은 54.4퍼센트로 절반을 훌쩍 넘어섰다.

그런데 야구 커뮤니티를 둘러보면, 여성 관중이 늘어나는 것을 곱지 않게 바라보는 시선도 적지 않다. '패션팬'*이나 '얼빠'** 같은 멸칭은 대개 새로 유입된 여성 팬들을 향한다.

축구팬으로서 일찍이 비슷한 경험을 한 김혼비 작가는 『우아하고 호쾌한 여자 축구』에서 일부 남성들의 '맨스플레인'에 이렇게 받아쳤다.

이봐, 나도 그 선수의 움직임이 훌륭해서,

---

*   깊은 이해 없이 일시적인 트렌드에 따라 팀을 좋아하는 팬.

**   능력이나 역량 대신 외모만 보고 열광하는 팬.

시야가 넓어서 좋아한다니까? 네가 그렇듯이?

그리고 잘생긴 걸로 좋아하면 좀 안 돼? 그걸로 왜 축구 볼 줄 모른다고 단정 짓고 가르치려 들어?[*]

다행히 요즘 여성 팬들은 그런 '맨-스포츠-플레인'에 딱히 관심조차 두지 않는 듯하다. 여자들은 바쁘다. 경기를 보느라 바쁘고, 울고 웃고 응원하느라 바쁘고, 굿즈 앞에서 흔쾌히 지갑을 여느라 바쁘다. 타인의 마음을 판별하느라 시간을 허비할 겨를이 없다.

소녀시대 권유리가 '진짜 팬'인지 '가짜 팬'인지를 두고 남자들이 왈가왈부하는 동안, 권유리는 야구장의 음악과 함성 속으로 성큼 뛰어든다. 유니폼 소매를 툭 걷어 올리고, 응원가의 리듬에 몸을 맡긴다. 이토록 도파민 터지는 순간에 남의 시선 따위에 신경 쓸 이유가 있을까.

결국 스포츠에 푹 빠진 여자들의 마음은 한 문장으로 요약된다.

이렇게 재미있는 걸, 그동안 너네만 즐겼니?

[*] 김혼비, 『우아하고 호쾌한 여자 축구』, 민음사, 2018, 49쪽.

야구를 좋아하는 여자들에게는 공통점이 있다. 그들은 감정의 밀도가 크다. 드라마틱한 스포츠를 사랑하려면 촘촘한 감정선을 지녀야 한다. 그래서 야구를 보는 동안, 야구를 살아내듯 한다. 또한 소속감의 의미를 안다. 어디서 경기를 보든, 곁을 지키는 마음으로 본다. 기다림을 지루해하지 않고, 패배를 감당하는 법을 안다. 단호하되 유연하고, 사소한 것에서도 기쁨을 발견한다. 나는 이런 여자들을, 내 취향의 동지들을 떠올릴 때면, 야구를 볼 때만큼 기분이 좋아진다. 설령 그 이미지가 그저 내가 되고 싶은 여성의 모습으로 빚어낸 상상일지라도.

한편, 관중석에 머무르지 않고 스스로 그라운드에 서려는 여자들도 있다. 이들에게 허락된 자리는 훨씬 더 좁다. 누군가는 궁금해할 것이다. 왜 김연경이나 지소연처럼 대중에게 익숙한 여자 야구선수는 없는지. 이유는 허탈하다. 한국에는 여성이 야구를 직업으로 삼을 수 있는 길이 애초에 없기 때문이다.

대한민국 최초로 고교 야구부에 입단했던 안향미 선수처럼, 벽을 뚫고 새 길을 낸 사례가 전혀 없는 것은 아니다. 그러나 여전히 국내에는 여성이 뛸 수 있는 프로팀도, 실업팀도 없다. 제도는 오래전부터 여자의 진입을 가로막아왔다. 리틀 야구단에서는 여자도 뛸 수 있지만 고교 야구부의 문은 굳게 닫혀 있다. 그러니 대학 리그에 명목상 성별 제한이 없다 해도, 야구를 이어가기란 불가능에 가깝다.

　여자 야구의 역사를 충실히 되짚은 책 『외인구단 리부팅』은 이 구조가 낯설지 않다고 말한다. 19세기 말 프랑스에서도 여성이 고등예술교육기관에 입학은 할 수 있었지만, 상위 클래스로 진급할 수는 없었다. 그 교묘한 제도의 빗장이 21세기 한국 야구판에서 재현되고 있다는 것이다.[*]

　이것저것 자료를 뒤적이는 동안, 나는 몇 가지 사실을 더 알게 되었다. 한국에는 프로 여자 야구선수가 단 한 명도 없지만, 국가대표는 뽑는다는 것. 생업을 병행하며 주말마다 모여 훈련하는 아마추어 여자 야구팀이 전국에 적지 않다는 것. 그리고 그들이 모여 승부를 겨루는 대회가 매해 여러 지역에서 열린다는 것.

---

[*]　턱괴는여자들, 『외인구단 리부팅』, 후주, 2022, 37쪽.
　이 책에는 19세기 미국의 산업화 과정에서 내셔널리즘의
　부상과 함께 성장한 야구가 유소년, 이민자, 흑인, 노동자
　계급, 여성을 차례로 배제해온 역사가 잘 정리되어 있다.
　관련 내용을 더 알고 싶다면 한 번쯤 찾아봐도 좋을 자료다.

그러니까, 어딘가에는 야구를 하는 여자가 있었다. 나는 그들의 경기를 보고 싶었다. 유튜브에서 클립을 몇 개 찾아보았지만, 직접 보고 싶다는 마음이 오히려 더 커졌다. 그러다 경북 울진에서 전국 여자 야구 대회가 열린다는 기사를 본 날, 나는 무엇엔가 홀린 듯 기차표를 끊었다.

울진에는 비가 내리고 있었다. 골목의 낡은 간판들이 처연히 젖어갔다. 아직 개장하지 않아 밧줄이 쳐진 해수욕장은 적막에 잠겨 있었다. 우천 취소를 걱정하며 무작정 걸었다. 봉평리에서 후정리 방향으로 해안을 따라 한참 걷자, 죽변야구장 표지판이 눈에 들어왔다. 이내 천막이 늘어선 입구가 나타났다. 인조 잔디가 가지런히 깔린 구장 한쪽, 커다란 패널에 대진표가 붙어 있었다. 전국에서 모인 스물다섯 팀이 토너먼트 방식으로 맞붙는 일정이었다. 블랙펄스, 드래곤볼, 나인빅스, 후라, 레드폭스, 히로인즈… 하나하나 팀명을 읽어 내려갔다. 잘하면 세 경기쯤은 볼 수 있을 듯했다.

개막식을 앞두고 선수들이 속속 모여들었다. 비는 여전히 내리고 있었다. 북적이는 인파 속에서 한 여자가 맞은편에서 걸어오는 여자를 알아보고는 반색했다. 오랜만에 마주친 모양이었다. 여자는 어깨에 묻은 빗방울을 털어내며 물었다.

"아직도 야구해요?"

두 마디 중 어디에도 강조를 넣지 않은 담백한 문장이었다. 맞은편 여자가 물음표만 뺀 똑같은 말로 대답했다.

"아직도 야구해요."

잠깐의 침묵 뒤, 두 사람은 희미한 미소를 주고받았다. 나는 그 짧은 문장을 통해, 짧지 않은 시간에 깃든 피로와 애틋함을 짐작만 할 뿐이었다.

비가 후득후득 떨어지는 야구장 한가운데, 유니폼을 단정히 입은 선수들이 각양각색의 우산을 받쳐 들고 섰다. 개막식은 간소하게 치러졌다. 비는 그칠 기색이 없었다. 경기는 오후로 미뤄졌다. 팀 대표들은 주최 측이 나눠준 흰 스티로폼 상자를 품에 안고 동료들에게로 돌아갔다. 안내 방송이 울렸다.

"참소라가 들어 있으니 숙소에서 맛있게 드시기 바랍니다."

먹구름이 걷히고 햇살이 드리운 오후, 경기가 재개됐다. 관중석으로 오르는 계단 밑에는 무료 아이스크림 냉장고가 있었다. 나는 보석바를, 함께 간 친구는 돼지바를 골라 들었다. 관중석은 한산했다. 선수들의 가족으로 보이는 이들이 가끔 올라와 응원을 보내다가 내려갔다. 외부 관객은 거의 보이지 않았다.

더그아웃에서는 애정 어린 잔소리가 끊임없이 흘러나왔다. "가볍게—." "짧게—." "힘 빼야지—." "팔 길게—."

우리도 경기를 보며 소곤소곤 훈수를 두었다.

"에헤이, 유격수가 처리해야지."

"저 팀이 이 팀보다 낫네. 분발들 하셔야겠다."

하지만 곧, 감탄이 훈수를 밀어냈다.

"와, 저 투수 폼 진짜 멋있지 않아?"

"방금 1루수 너무 멋졌어."

우리는 멋있다는 말을 너무 남발하는 것 같아, 조금 아껴 쓰기로 했다.

저녁이 되었다. 해그림자가 외야에서 내야로, 그리고 관중석으로 천천히 옮겨오는 동안, 이닝도 여러 차례 바뀌고 팀도 바뀌었다. 뒤편 관목 덤불에서 향긋한 냄새가 바람을 타고 흘러왔다. 어슴푸레한 땅거미가 야구장을 뒤덮자, 조명탑에 불이 켜졌다. 여섯 개의 작은 등대 같았다. 어디선가 몰려온 고추잠자리 떼가 그물망 주위를 윙윙 맴돌았다.

이상하리만치 호젓한 평화 속에서 경기를 지켜보다가, 문득 깨달았다. '이거… 야구네.'

바닷가 작은 야구장에 다양한 연령의 여자들이 모여 있었다. 초등학교 선생님, 주부, 마트 캐셔, 대학생… 무엇이 되었든 각자의 자리에서 잠시 벗어나, 지금껏 연습해온 대로 공을 던지고, 치면서 야구를 하고 있었다. '여자 야구'가 아니라, 그냥 '야구'를.

프로야구 경기를 보러 가면 야구장에는 수많은 것들이 동원되어 있다. 수천 명의 관중, 현란한 조명과 음악, 아나운서의 잘 짜인 멘트, 응원의 열기, 그리고 곳곳에 흩뿌려진 동시대 문화와 마케팅의 흔적. 말하자면 프로야구는 상업과 스포츠가 자본의 무대 위에서 펼치는 합작 공연이다.

반면 죽변야구장에서 내가 본 건 오로지 야구뿐인 풍경이었다. 돈도 명예도, 참소라 한 박스를 넘어서는 보상도 없는. 다만 몸을 쓰는 기쁨, 타인과 팀을 이루는 즐거움, 이 스포츠를 조금이라도 더 잘 해내고 싶다는 열망만이 잔디 위를 떠돌고 있었다.

숙소로 돌아와서도 그 풍경은 마음속에서 계속 리플레이됐다. 늦은 밤, 끼니를 때우러 나와 읍내 골목을 걷다가 식당 앞에 멈춰 선 승합차 한 대를 마주쳤다. 열린 문틈으로 한 팀의 선수들이 보였다. 서로의 어깨에 머리를 기대고, 모두 곤한 잠에 빠져 있었다.

이튿날 집으로 돌아오는 길, 나는 또 인터넷을

뒤졌다. 익산, 공주, 청도, 경주 등지에서 열릴 다음 여자 야구 대회의 일정을 찾아보느라. 아직은 잘 모르겠다. 내가 더 보고 싶은 게 뭔지. 거추장스러운 장식을 걷어낸 순도 백 퍼센트의 야구 경기인지. 아니면, 우연히 훔쳐보지 않았다면 영영 몰랐을 그 반가운 표정들, 경기를 마친 뒤 어떤 충만함과 허기를 안고 각자의 삶으로 돌아가는 여자들의 뒷모습인지.

오늘도 누군가는 야구 덕질을 시작하고, 누군가는 호기심을 품고 동호회의 문을 두드린다. 또 누군가는 여자 야구선수를 키워낼 새로운 시스템을 구상할 것이다. 그 모든 시작을 응원하고 싶다. 그리고 나는 이따금 기차표를 끊는 일에서 나만의 또 다른 시작을 해보기로 한다.

야구장이 있는 삶

미국 뉴잉글랜드의 작은 마을. 늦여름의 묵직한 열기 속에서, 중년 남성들로 이루어진 아마추어 리그 두 팀이 공공 야구장에 모여든다. 이곳은 지역 주민들이 주말마다 야구를 하며 수십 년 동안 우정을 쌓아온 장소다. 후줄근한 유니폼 차림으로 하나둘 도착한 이들은 평소처럼 아이스박스에 맥주를 채우고, 설렁설렁 스트레칭을 하며 가벼운 농담을 주고받는다. 그러나 이 익숙한 풍경도 오늘로 마지막이다. 내일이면 야구장은 철거된다.

마지막 경기라고 해서 특별할 건 없다. 관중석은 여느 때처럼 휑하고, 가족 몇이 들렀다가는 곧 돌아간다. 자리를 지키는 것은 단 한 번도 경기를 놓친적 없는 고령의 열성팬뿐이다. 그는 언제나처럼 노트를 펼쳐, 연필로 점수를 꼼꼼히 적어 내려간다.

경기는 예상보다 길어진다. 연장전에 돌입했지만 승부는 나지 않고, 심판은 근무 시간이 끝났다며 먼저 퇴근해버린다. 그래도 선수들은 멈출 생각이 없다. 잡담이 플레이보다 길어지고 잔디 위엔 빈 맥주캔이 늘어난다. 해가 저물어 공이 잘 보이지 않자, 이들은 각자의 자동차를 그라운드 옆으로 몰고 와 헤드라이트를 켠다.

끝날 듯 끝나지 않는 이 경기는 영화 〈마지막 야

구 경기(Eephus)〉를 끌고 가는 유일한 서사다. 올해 전주국제영화제에서 본 이 작품은 기존 스포츠 영화의 문법과는 완전히 달랐다. 스펙터클도 없고, 눈물겨운 성장담도 없다. 그저 실제 야구 경기처럼 느릿느릿 흘러가는 시간을 따라갈 뿐이다.

영화 속 사람들은 철거를 앞둔 야구장에서 공을 던지고 받으며, 그들만의 방식으로 공간과 작별한다. 물론 야구를 계속하려면 이웃 마을 리그에 참여할 수도 있다. 하지만 그들은 고개를 젓는다.

"거긴 너무 먼 게 문제야."

"근처에 정화조도 있더라고."

누군가 앞으로는 그냥 술집에서 만나자는 제안을 해보지만, 다들 시큰둥하다. 굳이 말로 설명할 필요도 없다. 그들은 본능적으로 안다. 이 야구장에서만 가능했던 '우리'는 다른 어떤 공간에서도 다시 만들어질 수 없다는 것을.

이런 상실의 경험은 미국 중년 남성들만의 이야기가 아니다. 사람들은 어른이 되면서, 그저 함께 있기 위해 만나는 능력을 서서히 잃어간다. 실용적 목적이나 경제적 이익이 개입되지 않은 관계는 드물어지고, 관계의 붕괴는 종종 물리적 공간의 상실과 함께 찾아온다.

영화제 일정을 마치고 서울로 돌아온 날, 지하철에서 내려 동네로 들어서자 낯익은 풍경이 눈에 들어왔다. 번잡하고 거대한 도시지만 나에게도 마음의 안식처라 부를 만한 공간은 있다. 몇 해 전 불광천 인근에 살면서부터 천변을 걷는 기쁨을 알게 됐다. 햇살 좋은 날이면 큰 개와 작은 개, 자전거와 유아차, 남녀노소 모두가 좁다란 길을 평화로이 공유한다. 이토록 조그만 인공의 자연에 몰려드는 모습이 때로는 애처로워 보이기도 하지만, 이곳에서 사람들은 잠시, 우리가 된다.

최근 불광천 주변 여러 구역이 재개발에 들어갔다. 그전부터도 보여주기식 구조물이 하나둘 들어서며 천변의 풍경은 조금씩 달라지고 있었다. 몇 년 뒤 고층 아파트가 빽빽이 들어서면, 불광천은 지금과는 다른 모습이 될 것이다. 왜가리와 청둥오리, 비 온 후 허리춤까지 불쑥 자라던 수풀과 덤불, 부드러운 흙 둔덕은 사라질 것이다. 그 자리를 인공 징검다리와 어닝이 달린 수변 상업시설이 대신할지도 모른다. 그때의 천변은 더 이상 내가 걷던 그 천변이 아닐 것이다. 우리는 도시에서 이런 공간의 소멸을 너무 자주 겪고, 무력하게 받아들인다.

그런 점에서 〈마지막 야구 경기〉가 보여주는 공

간의 소멸은 인상적이다. 공공 야구장이 탐욕스러운 자본의 손에 넘어가는 게 아니기 때문이다. 그 자리에 들어설 것은 주차장도, 대형 쇼핑몰도 아닌, 아이들을 위한 학교다. 어른들의 마음 둘 곳이 사라지는 건 분명 아쉬운 일이지만, 그 위에 아이들의 미래가 세워진다면 무턱대고 반대하기도 어렵다. 결국 누구나 변화에 적응하며 살아가려 애쓸 뿐. 야구장을 철거하는 손은 다름 아닌 시간의 손인 것이다.

영화의 원제 '이퍼스(Eephus)'는 변화구의 이름이다. 한국에서는 '아리랑볼'이라는 별칭으로 불린다. 기묘할 만큼 느리게 날아와 타자의 타이밍을 빼앗는 공. 허공에 멈춘 듯 보이는 이 느릿한 공은, 시간의 흐름을 잠시 잊게 만든다. 타자는 평소처럼 방망이를 휘두르지만, 공은 이미 지나갔거나 휘두른 직후에야 스쳐 지나간다. 어쩌면 야구라는 게임 자체가 하나의 이퍼스다. 그래서 야구가 하는 일은 예술의 근원적인 역할과 다르지 않다. 시간의 소멸 속에서 찰나를 붙잡아 지상 어딘가에 잠시 머물게 하는 일. 어리둥절해진 존재들을 잠시 함께 있게 만드는 일.

내가 이 영화에서 가장 좋아한 장면은 마지막 불꽃놀이 장면이다. 카메라는 폭죽이 터지는 화려한 밤하늘을 비추지 않는다. 대신 모두가 떠난 더그아웃

벤치를 응시한다. 화면 밖에서 울리는 폭죽 소리에 맞춰 벤치는 잠시 빛을 머금었다가, 이내 다시 어두워진다. 그 어둠 속에서 비로소 작별이 완성되는 듯하다.

어떤 마지막은 예고도 없이 찾아온다. 3월 29일, 창원NC파크에서 안타까운 사고가 있었다. 경기 도중 외벽 구조물이 관중석으로 떨어져 여러 명이 다쳤고, 한 명은 끝내 숨졌다. 뉴스를 보고 한참 멍하니 화면을 바라봤다. 야구장에서 그런 일이 일어났다는 사실이 도무지 실감나지 않았다.

사고 직후 창원시와 NC는 서로 책임을 미뤘다. 구단은 시설 관리가 시의 몫이라 했고, 시는 운영 주체가 구단이라며 한 발을 뺐다. 홈경기가 무기한 연기되면서 팀은 당분간 떠돌이 생활을 해야 했다. 어린이날, 잠실 경기장에서 열린 NC와 두산의 경기에는 먼 길을 온 NC 어린이 팬들이 있었다. 그날 한 두산 팬은 아이들에게 작은 봉투를 건넸다. 감자칩, 막대사탕, 곰 모양 젤리, 초콜릿 같은 간식과 직접 쓴 손편지가 들어 있었다.

"야구라는 스포츠를 좋아한다는 이유만으로 여러분들과 감히 연대감을 느낍니다. 하루라도 더 빨리 안전하고 좋은 환경 속에서, 팬분들과 선수단이 야구를 즐길 수 있길 바랍니다. 이번 시즌 남은 경기들도 힘내시고, 함께 응원하겠습니다!"

이 작지만 따뜻한 선물이 손에서 손으로 전해지는 사진을 보며, 나는 야구장이라는 공간을 다시 생각했다. 야구장은 단순히 승부를 겨루는 스펙터클의 무대가 아니다. 함께 보는 행위가 차곡차곡 쌓이는 장소다. 우리는 서로 다른 색의 유니폼을 입고 서로 다른 이름을 외치지만, 결국 야구가 좋다는 이유 하나로 모여 있는 사람들이다. 그것만으로 이미 하나의 느슨한 공동체다. 이들이 야구장에서 안전하지 못할 때, 책임은 누구의 몫일까?

최근에는 보이지 않는 문턱이 또 다른 논란거리다. 몇 해 전부터 현장 판매가 줄고 온라인 선예매가 중심이 되면서, 디지털 기기에 서툰 노년층은 오랜 직관의 기쁨을 잃어가고 있다. 이제는 표를 대신 사 달라고 부탁하거나 되파는 이를 찾지 않으면 입장조차 쉽지 않다. 구장 밖을 하염없이 서성이다 발길을 돌리는 어르신들이 늘었다는 소식은 마음을 아프게 한다. 그 광경은 카페마다 들어선 키오스크 앞에서 곧장 적응하지 못해 허둥대던 내 모습, 그리고 더 많은 기술로부터 단계적으로 소외될, 그리 멀지 않은 내 미래와도 겹쳐 보인다. 물론 작은 진전도 있었다. 롯데 자이언츠가 어르신과 장애인을 위한 현장 판매분을 따로 마련하는 시도를 한 뒤로, 다른 구단들도 비슷한 제도를 하나둘 도입하고 있다는 것이다.

어쩌면 계속 물어야 할지 모르겠다. 야구장은 사람들이 일상의 무게를 잠시 내려놓고 환호하는 광장이 될 수 있을까. 서로 다른 세대가 겹치고 교차하며 시간의 층위를 만들어가는 장소가 될 수 있을까. 아마도 노력 없이, 제도적 상상력 없이, 저절로 그렇게 되기는 어려울 것이다.

적적한 마음이 들어 불광천을 걷다 보면 모든 것이 자명해진다. 공간에, 시간에도 끝이 있다는 것. 오래도록 머물 수 있을 것 같던 장소가 홀연히 자취를 감추고, 영원할 듯하던 시간이 덧없이 스러진다. 삶의 흐름 안에서 끝은 하나의 이행이다. 그 이행은 언제나 가차 없지만, 동시에 정직하다. 그러니 끝이 오기 전까지는 제 몫의 자리를 꿋꿋이 지켜내야 한다.

이 동네를 떠난다면 어디에서 살게 될까, 가끔 상상해본다. 태양이 작열하는 바다 가까이 살고 싶다고, 혹은 마당 있는 집에서 살고 싶다고 늘 말하곤 했다. 그런 곳에서 개를 키우고, 볕을 충분히 쬐며 살면 마음이 조금은 덜 눅눅하겠다고.

그런데 문득, 걸어서 야구장에 갈 수 있는 동네도 괜찮겠다는 생각이 들었다. 굳이 근사한 프로 구장이 아니어도 된다. 저녁을 먹고, 주말이라면 늦은 점심을 챙겨 먹은 뒤, 어슬렁어슬렁 들어가 아마추어 리그나 사회인야구 경기를 구경할 수 있는 야구장. 그곳에서 마음 맞는 동네 친구들과 맥주 한잔하며 시름을 잊을 수 있는 노년이라면, 늙어가는 것도 그리 나쁘지 않겠다.

비가 내리기 시작한다. 천변을 걷던 사람들이 새 떼처럼 뿔뿔이 흩어진다.

승리요정은 없지만

미신을 내게 처음 알려준 건 엄마였다. 산골 마을에서 나고 자란 엄마는 보이지 않는 세계의 질서를 대수롭지 않게 받아들였다. 밤마다 나는 이상하고도 매혹적인 이야기를 들으며 잠들었다. 한밤중에 손톱을 깎으면 생쥐가 그것을 주워 먹고 사람이 된다는 이야기. 아기가 태어나고 백일이 지나기 전에 계란 프라이를 부치면 아기 몸에 반점이 생긴다는 이야기. 딸꾹질이 나올 때 그 개수를 큰 소리로 세면 빨리 멈춘다는 이야기. 어릴 적엔 그저 신기하고 재미있었지만 자라서 돌아보니 터무니없는 소리였다. 그런데 이상하게도, 쉽사리 잊히지는 않았다.

평소 나는 합리적 이성의 지침을 따르는 문명인으로 행동한다. 과학적 근거 없는 맹신은 현실을 왜곡하고, 검증되지 않은 신념은 사회를 혼란에 빠뜨린다고 믿는다. 적어도 겉으로는 그렇게 말하고 다닌다. 그런데 살다 보면, 무의식의 바다에서 미신의 등대가 희미하게 깜빡이는 순간이 있다. 그러면 속절없이 그 빛을 따라 움직이고 마는데….

이사할 집에 짐을 들여놓기 전날, 안방 구석에 생쌀 한 줌을 놓아둔다. 꿈 이야기를 꺼낼 땐 "천장아 듣거라"로 운을 뗀다. 바늘에 실을 꿰어 누군가에게 건넬 땐 실 끝을 묶지 않는다. 묶은 채 건네면, 실이 풀릴 때까지 그 사람과의 관계도 꼬일 테니까. 아이를 "금쪽같은 내 새끼", "공주님", "왕자님"이라 귀하게 부르면 삼신할머니가 일쩍 데려간다기에, 우리 집 고양이들은 "못난이", "똥덩어리" 같은 험한 별명을 달고 산다.

합리적 이성이여, 도대체 어디 계신가.

이런 당혹감은 야구 중계를 보다가도 불쑥 고개를 든다. 늦봄의 한 경기, 4회 말. 카메라에 잡힌 감독님의 낯빛이 붉다. 미간에는 송글송글 땀방울까지 맺혔다. 며칠 전부터 기온이 부쩍 오르고 햇볕도 뜨거워졌다. 감독님이 입고 있는 후드 티, 두툼한 저 회색 후드 티가 아무래도 너무 더워 보인다. 날씨와는 도무지 어울리지 않는 옷차림. 하지만 그는 그것을 벗을 수 없다. 한화 이글스가 무려 12연승을 달리며 무패 행진을 이어가고 있기 때문이다. 연승이 이어지는 동안, 감독님은 내내 같은 옷만 입고 있다.

스포츠만큼 미신과 가까운 세계도 드물다. 선수들은 경기를 앞두고 징크스로 여겨지는 것들을 철저히 조심한다. 잘 풀린 날 입었던 옷을 반복해 입고, 먹는 것에도 신경을 쓴다. 공이 가랑이 사이로 빠지는 '알까기'를 막으려 달걀을 멀리하고, 마운드에서 미끄러질까 봐 바나나와 미역국도 피한다. 예민하기로 치면 수능을 앞둔 고3 못지않다.

야구는 작은 반복이 쌓여 흐름을 만드는 스포츠다. 정해진 몸짓을 되풀이하는 하나의 의식 같은 루틴. 그러니 사소한 변화도 큰 불안을 낳고, 불안은 곧 미신을 낳는다.

미신이란 무엇일까. 실증적 근거 없이 두 사건 사이를 마술적 사고나 비합리적 신념으로 연결 지으려는 태도다. 아무 인과관계 없는 사건이 연달아 일어나도 사람들은 그 안에서 무언가를 엮어내고 싶어 한다.

세상에 흩뿌려진 무의미를 견디지 못하는 마음에는 언제나 어떤 열망과 불안이 숨어 있기 마련이다. 미신은 때로 말도 안 되는 이야기의 형식을 빌려, 그런 마음을 감싸주는 장치가 된다. 밤에 손톱을 깎지 말라는 말도 그렇다. 생쥐 때문이 아니라, 어둠 속에서 아이가 다칠까 봐 만들어낸 조심스러운 경고였을 것이다.

야구에서 유명한 징크스가 하나 있다. 투수가 노히트노런을 이어가고 있을 때 누구도 그 사실을 입에 올려선 안 된다는 것. 어깨를 두드려서도, 심지어 가까이 다가가서도 안 된다. 금기를 깜빡 잊고 "와, 지금까지 안타 하나도 안 맞았네?" 같은 말을 했다간 그 자리에서 기록이 깨지고 말 것이다.

이 집착 아닌 집착엔 사실 심리적 인과관계가 숨어 있다. 노히트노런 중인 투수는 극도의 집중 상태에 있고, 그 몰입을 깨는 말은 미세한 동요를 불러올 수 있다. 선수들의 침묵은 불안을 공유하는 무언의 합의이며, 통제 불가능한 상황에서 통제감을 회복하려는 의지다. 여기에 집단 동조와 책임 분산이 작용해 마침내 하나의 규범으로 굳어진 것이다. 야구는 몸을 움직이는 스포츠이지만 마음의 게임이기도 하니까.

선수들이 저마다의 징크스를 지키듯, 팬들도 자신만의 믿음에 영혼을 의탁한다. 자신이 관람한 날은 꼭 이긴다고 믿기도 하고, 유니폼 색깔이나 특정 좌석에 집착하기도 한다. 모두 스스로 믿고 싶은 서사의 일부가 되기를 자청하는 셈이다.

올 시즌 한화 이글스의 기세는 심상치 않다. 늘 최하위권에 머물던 팀이 무려 12연승을 달리고 있다. 입덕 2년 차인 나로서는 다소 벅찬 전개다. 1999년 이후 우승이 없던 팀인데, 어쩌면 올해는 그 장면을 볼 수도 있겠다고들 한다. 아스라이, 깜빡이는 불빛이 보인다. 혹시 이거, 내가 응원해서 그런 거 아냐? 물론 아니다. 세상에 승리요정 같은 건 없으니까. 난

그냥 억세게 운이 좋은 팬일 뿐이다.

2003년 출간된 마이클 루이스의 『머니볼』은 메이저리그 오클랜드 에슬레틱스의 단장 빌리 빈이 이끈 '데이터 혁명'을 다룬 논픽션이다. 예산이 턱없이 부족한 약체 팀이 새로운 방식으로 선수단을 꾸려 구단의 역사를 다시 쓴 이야기다. 이 책은 2011년에 브래드 피트 주연의 동명 영화로도 제작되어 널리 알려졌다.

전통적인 메이저리그 스카우터들은 선수의 외모, 체구, 타격 폼 같은 외형적 요소를 관찰하며 선수를 뽑았다. 때로는 순전히 '감'에 의존해 유망주를 발탁하기도 했다. 책 속에서 그들의 태도는 우스울 정도로 순진하게 묘사된다.

"그런 선수를 만났을 때는 한 번 슥 보기만 해도 가슴이 뛴다고들 하죠. 스카우터들은 그런 순간이 반드시 있다고 믿어요. 거의 신앙에 가깝죠."*

빌리 빈은 그런 감각을 거부하고 컴퓨터 앞에

---

* 마이클 루이스, 『머니볼』, 김찬별·노은아 옮김,
   비즈니스맵, 2011, 65쪽.

앉았다. 선수의 실제 경기 기여도를 수치로 측정하는 '세이버매트릭스' 이론에 따라 데이터를 분석하고, 미래의 성과를 예측했다. 당시로서는 파격적인 접근이었고, 야구계 전반에 격렬한 논쟁을 불러일으켰다.

『머니볼』이 기록한 초기 실험 이후, 야구는 점점 과학의 언어로 해석되기 시작했다. 세이버매트릭스는 특정 팀의 실험을 넘어 리그 전체의 표준이 되었다. 타자의 스윙 하나에도 회전수와 발사각이 측정되어 전략과 평가에 반영된다. 본능과 감각이 지배하던 스포츠는 이제 알고리즘과 확률, 영상 분석의 영역으로 재구성되고 있다.

한국 프로야구도 예외는 아니다. 미국처럼 데이터가 운영 전반을 지배하는 단계는 아니지만, 대부분의 구단이 전담 분석팀을 두고 있으며 OPS*나 WAR** 같은 지표가 선수를 평가하는 주요 기준으로 자리 잡아가고 있다.

야구와 통계를 동시에 사랑하는 덕후들에게 데이터란 끝없이 파고들어 재조립하고 싶은 장난감 같

---

*   On-base Plus Slugging. 타자를 평가하는 지표 중 하나로, 출루율과 장타율의 합이다.

**   Wins Above Replacement. 대체 선수 대비 승리 기여도. 팀의 승리에 얼마나 기여했는가를 산출한 값이다.

은 대상이다. 세이버매트릭스의 분석법에 허점이 있다는 얘기가 들려오면 그들은 오히려 더 들뜬다. "그래? 그럼 그 허점을 메울 다른 데이터를 찾아야겠군!" 그러곤 분석에 더욱 박차를 가하는 것이다.

그리하여, 야구는 이제 수치와 확률, 분석과 계산의 게임이 되었다. 그러나 데이터가 전부라면 야구가 이토록 흥미진진하진 않을 것이다. 야구의 절반이 숫자로 이루어져 있다면 나머지 절반은 계산될 수 없는 것들로 굴러간다. 날씨처럼, 감정처럼, 스포츠에는 언제나 변수가 많다. 공이 둥글다는 사실 앞에서 확률은 아무것도 보장하지 않는다. 홈런은커녕 장타 하나 기록한 적 없는 하위 타선의 선수가 아무도 예상치 못한 순간 담장 너머로 공을 날릴 때, 그 극적인 의외성 속에 야구의 비밀이 숨어 있는 게 아닐까? 가장 매혹적인 것은 언제나 미지의 영역에 있다.

불안, 믿음, 희열, 의리 같은 것들은 데이터에 남지 않는다. 미신이 우리 곁을 좀처럼 떠나지 않는 까닭도 그 때문이다. 어설픈 의례와 낡은 지침들은 불안한 영혼이 기댈 마지막 보루이자, 인간이 실패를 견뎌내는 방식이다.

지난 시즌, 연패에 빠져 있던 두산 베어스는 포항야구장에서 삼성 라이온즈와 맞붙던 날, 미신의 힘을 빌렸다. 삼성만 만나면 이상하게 작아지던 두산. 전적은 2승 11패. 말 그대로 '사자 공포증'에 시달리던 상황이었다. 그날, 두산의 전력분석원은 굵은 소금을 공수해 더그아웃 곳곳에 뿌렸다. 결과는? 5대 1, 가슴 벅찬 역전승이었다.

이처럼 야구에는 치밀한 과학과 어딘가 미심쩍은 미신이 공존한다. 재미있는 예를 하나 더 들어보자. 세이버매트릭스의 핵심 지표 가운데 BABIP*이라는 게 있다. 보통 '바빕'이라고 읽는다. OPS 같은 용어는 제법 알려졌지만, BABIP은 중계에서조차 거의 언급되지 않을 만큼 개념도, 계산법도 복잡하다. 공식은 이렇다.

$$BABIP = \frac{안타 - 홈런}{타수 - 삼진 - 홈런 + 희생플라이}$$

대체 이런 걸 왜 계산하는지 나도 잘 모르겠다. 이 책을 읽는 여러분 역시 굳이 알 필요는 없다. 간단히 말하면, 타자가 쳐서 경기장 안으로 날아간 공 중

---

*   BABIP : Batting Average on Balls In Play.

에서 안타가 된 비율을 나타내는 수치다. 그런데, 행운이 깃든 안타가 나왔을 때 한국 야구팬들은 이렇게 외친다. "바빕신이 강림했다!" 이 신은 야구계의 유일신으로 추앙받지만, 변덕과 편애가 심하기로 악명이 높다.

이렇게, 과학과 미신이라는 결코 어울리지 않는 두 세계가 야구에서는 천연덕스럽게 맞물려 돌아간다. 그 기묘한 균형과 조화 앞에서, 나는 무릎을 꿇고 만다.

연장전까지 이어진 경기. 접전 끝에 한화 이글스는 두산 베어스에 3대 4로 패했다. 연승은 그렇게 멈췄다. 잠깐 아쉬웠지만, 이내 마음이 놓였다.

아아, 얼마나 다행인가. 드디어 감독님이 저 꾀죄죄한 후드 티를 벗을 수 있게 되었으니.

집에서 집으로

현대인이라면 마음이 힘들 때를 위한 대처법 하나쯤은 있어야 한다. 나는 좋아하는 음식을 떠올린다. 주로 제철 과일을. 그러면 대부분의 마음은 견딜 만해진다.

초여름마다 초당옥수수를 기다린다. 봄의 활력이 희미해지고 공기에 후텁지근한 밀도가 더해질 무렵, 매년 주문하는 지역 농부님이 수확 안내 문자를 보내온다. 살짝만 깨물어도 톡 터지는 샛노란 알갱이들은 유월의 햇살을 통째로 머금고 있다.

혹시 초당옥수수를 놓치더라도 괜찮다. 이내 복숭아의 계절이 찾아오니까. 나는 털이 복슬복슬한 딱딱이복숭아를 가장 좋아하지만, 입안 가득 과즙이 퍼지는 물복숭아도, 매끈한 껍질의 천도복숭아도 마다하지 않는다.

가을이면 단감을 만날 수 있다. 껍질째 아삭하게 베어 물어도 떫지 않고, 식이섬유도 풍부하다. 내 형편엔 조금 비싸지만 해마다 두어 번은 사 먹는다. 나는 과일에 돈을 아끼지 않기로 몇 해 전 결심했다. 일 년에 한 번 돌아오는 신선한 제철 과일이 앞으로 몇 번이나 남아 있을지는 누구도 알 수 없다.

날이 추워지면 대봉감을 사다가 그늘에 말린다. 반쯤 익은 홍시는 냉동실에 얼려두었다가 이듬해 무더운 어느 날, 입이 궁금할 때 꺼내 먹는다.

한겨울이 되면 시장 바닥에 귤이 깔리고, 조금 더 지나면 천혜향이 등장한다. 제주 시골 마을의 보건소에서 있었던 일이라고 한다. 당뇨 수치가 높은 할머니에게 의사가 물었다. "귤 하루에 몇 개 드세요?" 할머니는 대답했다. "몇 개? 우리는 한 콘테나, 두 콘테나 이렇게 먹지." 혈당 스파이크는 염려되지만, 나 역시 귤을 한 '콘테나' 사다 손이 노래지도록 까먹는 겨울밤을 사랑한다.

봄이 돌아오면 짭짤이토마토를 먹을 시간이다. 토마토는 채소로 분류되지만 식물학적으로는 과일이다. 뭐, 과일이면 어떻고 채소면 어떤가. 맛있으면 그만이다. 그리고 늦은 봄, 우울감이 서서히 스며들 무렵이면 다시금 달콤한 초당옥수수의 계절이 돌아오는 것이다.

누군가 근심에 잠겨 있으면 나는 이 긴 이야기를 들려주며 말하곤 한다. "다 지나갈 거야." 대개는 나 자신에게 들려주는 말이다.

야구가 내 삶에 들어온 이후로, 사계절을 감각하는 또 하나의 방식이 생겼다. 시간의 흐름과 계절의 변화가 프로야구 리그를 중심으로 재편된 것이다.

이제 겨우 야구의 사계절을 한 차례 겪어보았을 뿐이지만, 그 짧은 순환 속에서도 일상의 리듬이 묘하게 달라졌다.

원래 나는 봄을 좋아하지 않는다. 아니, 정확히는 불편해한다. 봄은 사랑스럽고, 그래서 어딘가 슬픈 냄새가 난다. 모든 출발은 마음을 어렵게 한다. 나는 늘 시작보다는 끝을, 여는 것보다는 닫는 것을, 미래를 그리기보다는 과거를 되새기는 쪽을 택해왔다. 새 출발, 새 학기는 나보다 진취적이고 포용력 있는 영혼들의 소유라고 여겼다.

하지만 야구는 내게 진정한 '리셋'의 쾌감을 알려주었다. 언 땅이 풀리고 흙내음이 스멀거리면, 야구장은 다시 문을 연다. 모든 것이 제로에서 출발한다. 0승 0패. 열 개 구단이 똑같은 출발선에 선다. 선수들은 겨우내 다듬은 몸을 천천히 풀며 시동을 걸고, 프런트는 상대 팀 전력을 조심스레 분석한다. 봄은 희망이 허락되는 계절이다. 다 잘될 거라는 순진무구한 믿음이 팬의 마음속에 움튼다.

여름은 인내의 계절이다. 경기력은 물이 오르고, 땀과 열기 속에서 경기는 더 치열해진다. 조명이 켜진 여름밤의 야구장, 윙윙거리는 날파리 때문에 타임을 요청하는 선수, 땀범벅이 된 헬멧을 벗으며 숨을 고르는 포수, 더그아웃에서 쏟아지는 찬물, 맥주 캔을 부딪치는 금속음. 폭염 속에서도 경기는 계속된다. 실망과 기대가 켜켜이 쌓이는 동안, 팬의 마음은 점점 더 애틋해진다. 장마철의 '우기'는 이제 경기 취소가 이어지는 무기력한 시간이다. 우천 취소 알림이 뜨면 하루가 삽시간에 헐거워진다.

가을이 오면 야구는 결산에 들어간다. 한 경기, 한 순간의 판단이 팀의 운명을 바꾼다. 선수들의 표정에는 눈앞의 것을 움켜쥐려는 열망, 놓치지 않으려는 안간힘이 담겨 있다.

그리고 겨울. 야구는 사라진다. 오프시즌이 시작되고, 그라운드는 빈 채로 남는다. 선수들의 훈련 영상이 여기저기 올라오지만 그것은 야구가 아니다. 야구는 '보이지 않는 상태'로 존재한다. 하지만 오히려 이 계절, 야구를 가장 많이 생각하게 된다. 야구는 없는 상태로 나를 채운다. 생각해보면, 그것만으로도 외롭지 않다.

나는 내 방 침대에 누워 적막한 야구장에 눈이 내리는 광경을 상상한다. 관중석은 텅 비어 있고, 콜라와 감자튀김, 홈런볼 따위가 흩어져 있던 테이블 위로 눈송이가 닿았다가 녹는다. 야구가 없는 저녁은 낯설다. 이기든 지든, 경기가 있는 날은 그 자체로 즐거웠다는 사실을 겨울 한복판에서 깨닫는다. 하지만 괜찮다. 누구도 바꿀 수 없는 규칙, 봄은 반드시 돌아온다.

한편, 이런 선형적 시간 감각이 무의미해지는 경험 또한 야구가 내게 준 것이다. 중계를 보다 문득, 이 경기가 영원히 끝나지 않았으면 좋겠다는 생각이 들 때가 있다. 너무 재밌어서도, 이기고 있어서도 아니다. 그냥 시간이 고요히 멎은 곳에, 공을 던지고 치는 행위만이 남은 풍경을 그려보는 것이다. 돌아가려는 의지, 오직 그 의지만이 작동하는 세계. 도착할 미래조차 사라진, 그럼에도 끝내 귀환을 멈추지 않는. 나는 그곳에서 잠시 나를 잊는다. 거기서 무한히 존재하고 싶어 한다.

> 누군가 플레이볼—이라고 외치자
> 나는 있는 힘껏 배트를 휘둘렀다.
> 그리고 10년 후의 1루 베이스를 향해
> 필사적으로 달려갔다.*

* 이장욱, 「10년 후의 야구장」 부분, 『정오의 희망곡』,
　문학과지성사, 2006, 42쪽.

19년 전, 이장욱의 시집에서 마음에 들어 귀퉁이를 접어두었던 시다. 그때는 의미를 몰랐지만 이제는 어렴풋이 이해할 수 있을 것 같다. 그라운드 위 멈춘 시간의 틈으로, 나는 우연과 필연이 공존하는 세계를 엿본다. 인칭과 시제가 모두 지워진 장소에서 한없이 가벼워진 나를 발견한다.

제주 출장 중 반나절 여유가 생겨 동료와 바다에 들렀다. 그는 사는 게 통 재미없다고 했다. 일에서도, 다른 무엇에서도 즐거움을 느끼지 못한다고. 웃으며 말했지만 많이 지친 얼굴이었다. 우리는 백사장에 나란히 앉아, 끝없는 바다를 바라보며 한동안 아무 말도 하지 않았다.

나는 그에게 "야구를 보세요"라고 말하고 싶었지만, 그럴 수는 없었다. 나 역시 한때, 다정한 권유조차 귓등을 스쳐 지나가던 시절이 있었다. 더구나 스포츠 관람이라는 사소한 행위가 누구에게나 위안이 되는 것은 아니다.

하지만 나는 안다. 언젠가 그도 야구를 보게 된다면, 이 스포츠가 건네는 무용한 기쁨을 알아보게 되리라는 것을. 아직 열리지 않은 그 문은 마음속에 가만히 남겨두었다.

야구를 좋아하는 이유는 사람마다 다를 것이다. 순전히 재미에서 시작할 수도 있고, 다른 이유를 발견할 수도 있다. 분명한 건, 야구를 보다 보면 생각이 많아진다는 것이다.

야구는 인생을 세 시간으로 압축해놓은 것 같다. 매 순간 실패하고, 다시 시도하고, 서로 도우며 나아가지만 각자 하나씩의 목숨을 갖고 있을 뿐이다. 우리는 언제나 집으로 돌아가기 위해 집을 나선다. 그리고 삶이라는 한 판 게임이 언젠가는 끝난다는 사실을, 야구는 묵묵히 모른 척해준다. 존재의 유한함과 삶의 취약성이 우리를 아무것도 아닌 공놀이 앞에서 웃고, 울고, 화내게 만든다.

그 안에서 나는 기꺼이 길을 잃었다. 취미란 얼마나 다정하면서 성가신 일인가. 애호의 문법에 물든다는 건 일상에 소소한 차질이 생기고, 사고의 회로가 살짝 달라지는 일이다.

하루는 지하철에서 스마트폰으로 야구를 보기 시작했는데, 정신을 차려보니 종점이었다. 산책하다 '우리동네키움센터' 간판을 보면, 돌봄이 필요한 서울의 어린이들이 아니라 올해 꼴찌를 도맡은 야구팀이 먼저 떠올랐다.

이 책의 대부분은 그런 과몰입 속에서 쓰였다.

모든 '처음'에는 어설픈 열이 깃들어 있다. 이 행복한 미치광이의 시간이 오래 가지 않으리라는 걸 안다. 그렇기에 지금을 누리고, 아낌없이 탕진하고 싶다.

그리고 나는 아직, 나의 진짜 가을야구를 기다리고 있다. 작년엔 한화 이글스가 플레이오프에 오르지 못해 퍽 섭섭했다. 올해는 다르다. 시즌의 끝을 기대해봐도 좋을 것 같다. 가을야구. 정말이지 설레는 네 글자다.

하지만, 또 실패하면 어떤가. 겨울이 지나면 다시 복사나무꽃이 피고, 농부는 옥수수와 복숭아를 수확해 도시로 보내고, 감나무에는 감이 익을 것이다. 그리고 나는 매일 저녁 야구를 볼 것이다. 삶도 야구도 계속된다. 집으로, 혹은 집 비슷한 무엇에게로, 각자 무사히 돌아가려 애쓰는 중이다.

나를 만든 세계, 내가 만든 세계
'아무튼'은 나에게 기쁨이자 즐거움이 되는,
생각만 해도 좋은 한 가지를 담은 에세이 시리즈입니다.
위고, **제철소**, **코난북스**, 세 출판사가 함께 펴냅니다.

아무튼, 야구

초판 1쇄 2025년 11월 1일
초판 2쇄 2025년 12월 10일

지은이 김영글
편집 이솔림
디자인 일구공
제작 세걸음

펴낸곳 위고
펴낸이 조소정
등록 제2012-000115호
주소 경기도 파주시 광인사길 209, 302호
전화 031-946-9276, 9277
팩스 031-696-6729

hugo@hugobooks.co.kr

©김영글, 2025

ISBN 979-11-93044-35-3 02810